# 枝野ビジョン

## 支え合う日本

枝野幸男



文春新書

1314

# はじめに

二〇一七年一〇月二日に、一人で立憲民主党の設立を宣言してから三年。二〇二〇年九月一五日、国民民主党や無所属の仲間と合流し、衆参両院で一五〇人の議員からなる新たな立憲民主党を結成した。ようやく、次期衆院選に向けて「政権の選択肢」となるためのスタートラインに立てた。

衆議院が解散された二〇一七年九月二八日、当時所属していた民進党が、小池百合子東京都知事率いる「希望の党」への、事実上の合流を決めた。翌日、私は、小池百合子氏の掲げていた理念には同意できないと考え、「希望の党」へは加わらない決断をして、地元埼玉五区の自治体議員の仲間に伝えて了解を得た。

その後、立憲民主党を結党することになるが、多くの仲間が、「希望の党」から「排除」される見通しとなった事態を受けての、急な結党だった。だが、選挙戦では私自身が驚くほどの大きなご支援をいただき、結党からわずか二〇日で五五議席を獲得して、野党第一党になることができた。

その後も紆《う》余曲折《よきよくせつ》はあったが、私たちの旗のもとに入党してくれる仲間も少しずつ増え、二〇一九年夏の参院選では、野党間の選挙区調整や選挙協力もあり、議席をほぼ倍増させることができた。

同年秋の臨時国会からは、国民民主党などの仲間と国会内の会派をともにすることになり、質量ともにトータルとしての国会での論戦力が増した。野党議員の追及によって「桜を見る会」問題をはじめとする安倍政権への疑惑がより明確になるとともに、新型コロナウイルス感染症への対応では、政府に一定の協力を行いつつ、野党側から積極的に多くの対策を提案し実現させてきた。

これらに加え、大学入学共通テストの民間委託や検察庁法改悪を阻止するなど、与野党の議席差を感じさせない「成果」を国会内で上げていることにも、ぜひ目を向けていただきたいと思う。

この間、私は、立憲民主党や私自身が訴えてきた「自民党政権にかわる新しい社会のかたち」が、有権者の皆さんになかなかうまく伝わらないもどかしさを感じてきた。

二〇一七年の衆院選で、私は「右でも左でもなく、前へ！」と訴えた。それ以前からも一貫して、自身の立場について「『保守』であり『リベラル』」だと説明してきた。これらの言葉は、有権者の皆さんから強い共感の声をいただく一方で、「何を言っているか分からない」との批判も少なからず受けた。

日本では、五五年体制当時から、与野党の対立を「右」「左」で表現してきた。自民党を中心とする与党側が「右」、社会党を中心とする野党側が「左」。五五年体制が崩壊した現在では、これがそのまま「保守」と「リベラル」という言葉に置き換えられている。つまり、日本の政治に関する言論環境の中では、「保守」と「リベラル」は対立概念とされてきた。

私は、その「常識」に異を唱えるべく、あえてこうした言葉遣いをしているのだが、そうした私の立場に違和感を覚える人が、少なからずいることも理解できる。

そんな中で、二〇二〇年の年明けから、新型コロナウイルス感染症の脅威が世界に襲いかかった。このウイルスの猛威と、対応に追われる安倍・菅《すが》政権の迷走は、結果として現代日本が抱える多くの問題点や課題をあぶり出した。

　新型コロナウイルスの感染拡大は、なお予断を許さないが、このことによって私は、これまで訴えてきた「私たちが目指す社会」の方向性は間違っていないことを確信した。「多様性を認め合い、困ったときに寄り添い、お互いさまに支え合う」社会。上から画一的に社会を導くのではなく、社会を「下から支えて押し上げる」政策。こうした方向性が、今こそ求められている。


　この機会に改めて、私の考える「ポストコロナの社会像」を明らかにしたいと考え、二〇二〇年五月二九日の定例記者会見で、「支え合う社会へ―ポストコロナ社会と政治のあり方（命と暮らしを守る政権構想）」を発表した。

　これは、党で議論して決定したものではなく、私個人としての「たたき台」に過ぎない。しかし、安倍政権に不安や不満を抱く皆さんや、自公政権に代わる新しい政権を目指す皆さんの間では、その趣旨や本質について、おおむねご理解いただけたと確信している。

　そして、国民民主党などとの合併で新たにスタートするにあたってつくられた新しい「綱領」において、新たな知恵やアイデアも取り込みながら、その方向性を多くの仲間と共有することができた。

　本書は、会見で発表した政権構想や、新しい立憲民主党綱領のベースになっている考え方、特に官房長官として対峙した二〇一一年の東日本大震災以降、折に触れ考えてきたことを執筆した。私の政治理念や政治哲学、ビジョンと呼んでいただいて良いと思っている。私が誤解を恐れず訴えてきた「『保守』であり『リベラル』である」という言葉の意味についても、詳細に説明している。

　念のため付け加えれば、立憲民主党の個別政策や総選挙に向けた選挙政策を記したものではない。考え方を説明するのに必要な範囲で各論の記述もあるが、網羅的な個別政策は、幅広い国民の皆さんにご意見やご提案をいただきながら、党全体として、深化させた政権構想へと練り上げていくことになる。

　第2章で述べているが、自民党に対抗しうるもう一つの選択肢として認められる上で、本質的に重要なのは、その時々の社会状況に応じて短期的な目標として示される各論よりも、理念とか哲学とも呼ぶべき「目指す社会像」を明確にすることだと確信している。

さて、私には、一九九八年に新民主党（新進党解党を受け、旧民主党を含む四党が合併してできた民主党）が結成されてそう間もない時期に聞いた、忘れられない言葉がある。

今となっては若気の至りと言うしかないが、当時二期生だった私は、若手の同僚議員とともに、当時三期生の岡田克也さんに、党の代表選挙に立候補することを要請した。岡田さんは、その要請をにべもなく一蹴したのだが、その理由は、「総理になる準備ができていない」というものだった（その後、岡田さんは、総理になる十分な準備を整えて、民主党の代表となった）。

野党第一党の党首は総理候補であり、その準備もないのに手を挙げることは、国民の皆さんに対して無責任極まりない。ある意味で当然のことだが、そのことを明確に認識していた岡田さんの真面目さと真剣さに、私はたじろいだ。

二〇一一年三月、私は、東日本大震災と東京電力福島第一原子力発電所事故に対応する菅直人《かんなおと》総理（当時）を、官房長官としてすぐそばで支えていた。その対応に至らない点があったことは、私も含めて重く受け止めていかなければならない。

この深刻な危機への対応を通じて、私は、「総理の責任の重み」を、なお一層、痛感させられた。

三月一二日の早朝、菅総理は、原子力発電所を含む被害状況を直接に把握する必要があるとして、ヘリコプターで総理官邸から飛び立った。その直後、万一の場合が頭をよぎり、私は背筋が寒くなった。私は、総理大臣臨時代理順位の第一位、総理に万一のことがあれば、この空前の危機に、トップリーダーとして対応しなければならない。発災直後から、官房長官として、すべての責任を背負ってこの危機に対応するのだと、腹を据えていたつもりだったし、その時点では、専門家から原子力発電所が爆発する可能性はないと言われていたが、官房長官等の一閣僚とは質的にも量的にも比べものにならない、総理が背負っているものの重さを、はじめて、みずからのこととして垣間《かいま》見た瞬間だった。

そして、三月一二日に水素爆発が起きるなど、事態がさらに深刻化する中、三月一五日未明、東京電力が、福島第一原子力発電所からの撤退を打診してきた。事態が深刻化し、現場で作業を続ける方々には、命に直接かかわる危機が高まっていた。現場での作業を止めれば日本全体が大変なことになるから、撤退はありえないと思いつつも、平時に一般論として「命を懸けて欲しい」と言うのと、現に存在する危機にあってお願いすることは、決定的に意味が違う。

私は、関係する政府首脳や専門家と情報や認識を共有した上で、総理に判断を仰いだ。当時の菅総理は、いつも以上に毅然とした態度で、そしてためらうことなく、撤退は認めないと決断した。当然の決断と思いながら、同時に、このように重い判断を決然と下したことに、総理の責任の過酷さを改めて痛感した。

民主党が下野した後、何度か行われた野党第一党の党首選挙の都度《つど》、立候補を促す声をかけてくれる仲間がいた。それぞれの時点で、そもそも立候補に必要な推薦人が集まってくれるのかわからなかったが、それ以前に、私は、総理になる準備も覚悟もできていなかったために、そのありがたいお誘いをお断りしてきた。

本書は、二〇一四年ごろから執筆を始めたものである。下野した民主党の一員として、そしてリーダーシップを発揮することを勧めてくれる仲間もいる中で、総理になる準備と覚悟を、執筆を通じて確認していきたい、という思いだった。

慌ただしく展開する政治の流れの中で、本書を書き上げることができないまま二〇一七年九月の民進党代表選に立候補した。本書の出版は間に合わなかったが、総理になる準備が整い、その覚悟ができたと確信したからに他ならない。

その後は、私が想像もしなかった展開で野党第一党の代表となり、政権の選択肢となるために、そして、政権奪取を目指すために、さらに慌ただしい日々が続いた。そんな中でも、何年にもわたって、何度となく書き直しや書き加えを重ねながら、政権選択選挙＝衆議院総選挙までに世の中に示したいと思ってきた。

本書を書き上げ、そんな準備と覚悟の一端を示すことができたと思っている。

まずは、先入観にとらわれず本書をお読みいただき、日本の未来を考えていただければありがたい。

二〇二一年四月

# 枝野ビジョン　支え合う日本◎目次

## 第3章　新型コロナウイルス感染症が突きつけた日本の課題

# 第1章　「リベラル」な日本を「保守」する

私は、三年半前の旧立憲民主党結党の際、「自分は保守であり、リベラルである」と訴え、「立憲民主党こそ保守本流の政党だ」と繰り返した。このことは、一部の方々から「分かりにくい」と批判を受けた。その一方で、立憲民主党に対しては、「リベラル＝左派＝反権力」的な、意味不明なレッテルを貼られ続けている。

残念ながら、私自身や立憲民主党、ひいては日本政治のとらえられ方自体が歪《ゆが》んでしまっている。少なくとも、五五年体制の時点からアップデートされていない。

自民党は「保守政党」と呼ばれる。ゆえに「保守」を自任する人の多くが、自民党を支持してきた。今の日本は大転換期であり、急激な変化を望まない国民の間に「保守」的心情が高まることは、一定の合理性がある。

しかし同時に、特に第二次安倍政権発足以降の自民党的「保守」のありようには、違和感を覚えている国民も多い。本来の「保守」とはかけ離れた姿勢が、次々と明らかになっているからだ。

自民党は本当に「保守」と呼べるのか。「保守」の本質をしっかりと認識し、分析した上で、現在の自民党の歪んだ「保守」を脱却し、真の「保守」の姿を取り戻すべきではないのか。

そしてそれは、「リベラル」と称される私たち立憲民主党の政治姿勢と、実は極めて近いというのが、私の基本認識である。

## 1　日本における「保守」とは何か

### 保守主義の原点

一般に「保守」主義とは、歴史や伝統などを大事にして、急激な改革を否定するという精神や運動であるとされる（以下、特に説明がない限り、本書で「保守」という言葉は、この意味で用いる）。

この意味での「保守」という考え方は、フランス革命を契機に生まれた。フランス革命は、ブルボン王朝の旧体制（アンシャン・レジーム）を倒して共和制を敷いたが、その後の急進的で過激な改革が、恐怖政治を生み出したことへの批判から、近代「保守」という政治思想が生まれたと言われる。

このような「保守」思想の土台になっているのは、「人間は誰もが不完全なものだ」という謙虚な人間観である。世の中には一〇〇%の聖人君子はいないし、完璧な洞察力を持った人間もいない。すべての人間が何らかの欠陥を抱え、不完全な部分を持っている。従って、その人間が作り上げている社会も、常に不完全なものだ。「理想の社会」は過去にも現在にも、そして未来にもあり得ない。

あり得ない「理想の社会」を目指すのでなく、先人たちが試行錯誤しながら積み重ねてきた歴史を大事に生かしながら、そこから得てきた経験知を踏まえ、世の中を少しずつ良くしていく。過去にも「理想の社会」はなかったのだから、安易に「昔は良かった」などと懐古主義に走ることもない。これが本来の「保守」の考え方である。

「理性によって理想の社会像を作り上げ、その実現のために邁進《まいしん》する」という革新的な考え方は、本来の「保守」から見れば、「人間の本性に反している」ことになる。理想の社会を絶対視して社会の欠陥を許容せず、急激な革新や進歩を目指す考え方は、「保守」の立場からは否定される。

少子高齢化に伴う人口急減や、地球温暖化に代表される近代化の限界によって、社会は急激に大きく変わろうとしている。こういう時代に際し、さまざまな施策を通じて国民の不安を和《やわ》らげ、急激な変化に対するソフトランディングを図るのが、本来の「保守」のあるべき姿である。

## 保守すべき歴史と伝統

問題は、日本において「保守すべき歴史や伝統とは何か」である。

日本において、歴史が文字で記され残っているのは、五世紀からとされている。聖徳太子の十七条憲法が七世紀初頭の六〇四年だから、日本の歴史は、およそ一五〇〇年に及んでいる。本来「保守」すべき「日本の歴史や伝統」とは、少なくともこの一五〇〇年に及ぶ歴史を踏まえたものであるはずだ。

しかし安倍晋三前総理や自民党議員の多くをはじめ、現在「保守」と称する勢力の中には、「保守」すべき日本の歴史と伝統を、「明治維新に始まる一五〇年間」と考えている人が少なくないように見える。二〇一八年に安倍政権を挙げて展開された「明治一五〇年」祝賀行事に、それが端的に現れている。

言うまでもなく、明治維新によって近代化がスタートしてからわずか一五〇年ほどの期間が、日本の歴史の全てではない。

もちろん、明治維新によって欧米の優れた技術や文化に触れたことも、現在の日本にとって大きな財産だ。「保守」すべき日本の歴史と伝統の、一部であることは否定しない。

だが、それはあくまでも、日本の長い歴史全体のわずか一割程度に過ぎない。しかも、この一五〇年は、欧米から多くのものが急激に流入したことによって、「保守」すべきそれまでの日本の歴史と伝統が、大きく揺らいだ期間でもある。

「保守」が本当に日本の歴史と伝統を大切にするなら、わずか一五〇年の近代史に拘泥《こうでい》するのでなく、この一五〇〇年の歴史すべてを通して、先人が積み重ね、引き継ぎ、これからも大切にしなければならないものは何か、そこから導かれる「日本」とは何なのかということを、広い視野で考えなければならないはずである。

## 2 「寛容と多様性」の日本

### **八百万の多神教文明**

私は、一五〇〇年を超える歴史を通じて積み重ねられてきた、日本社会の最大の特徴は、「多神教文明」にあると考える。

世界の多くの国で、キリスト教やイスラム教という一神教をベースにした社会が形成されているのに対し、日本では古来、「八《や》百万《およろず》の神」という言葉に象徴されるように、多神教を前提とした文明を形作ってきた。これは、日本社会を特徴づける決定的なポイントである。一神教を信じる日本人もいるが、日本の文明を形作っているものは何か、という観点でみれば、有史以来一貫して「多神教の社会」だと言っていいだろう。

仏教については、そもそも「神」という概念とは異なるので、これを多神教と言い切ることはできないようだが、仏教の真理を伝える仏がたくさんいるという意味では、多神教的な側面が強い。だからこそ明治維新まで、「八百万の神」とたくさんの「仏」とが融合し、神社と寺院が一体となること（神仏習合）が長く行われてきた。

明治政府による「神仏判然令」によってこうした慣習は禁じられたが、現代でも多くの日本人が、初詣は神社に行き、結婚式はキリスト教会で挙げ、葬儀は仏教寺院で行う、といったことを、違和感なく行っている。一神教を前提とする社会では、こんなことはとうてい考えられない。日本では仏教も、（二六〇年余の断絶を経たとはいえ）キリスト教も、多神教文明の中に同化しているのだ。

日本社会は、こうして神ですら多様な存在を容認してきたように、一つの価値を絶対視するよりも、異なる価値に寛容な多様性ある社会を伝統としてきた。価値は相対的なものであるということを、自然の前提として、社会を構成してきたのである。

## 寛容が生み出した日本文化の価値

このことは、現在の日本に至るさまざまな歴史的、文化的積み重ねの基礎になっている。日本語は、独自性が強いがゆえに普遍性を有しないものの、言語としての成熟度は高いとされる。こうした言語を作り上げた要因の一つは、漢字という「異文化」を寛容に受け入れたからにほかならない。言うまでもなく漢字は中国から入ってきたものだが、日本人は、日本語と中国語の言語体系が全く異なるにもかかわらず、これを日本語の中に取り入れた。さらに、もっと使いやすいひらがなやカタカナへと進化させ、漢字とかなを上手に使い分け、今では英語などまでカタカナ語として巧みに取り入れて、現代日本語を作り上げた。

仏教も「異文化」として入ってきたものだが、日本の八百万の神と融合し、日本的な仏教へと発展させてきた。そして今では、芸術、哲学や文学に至るまで、日本独自の文化の基盤となっている。

明治時代に西欧近代文明が入ってくると、その利点を上手に吸収して活用した。その結果、他の多くのアジア諸国のように欧米の植民地にされることなく、経済大国への道を切り開くことができた。

もし日本が、排他的で多様性を認めない文明であったなら、全く異なった歴史を作り、現在は、全く異なった国の姿になっていただろう。自分とは異なった価値を認め、多様性を認める社会であったからこそ、日本は、異なった文明の利点を上手に取り入れ、独自の文化、文明を生成し、繁栄を実現することができたのである。

## 水田稲作と村落共同体

多神教社会と並ぶ日本社会のもう一つの特徴は、水田稲作を軸とした農耕社会を基本として、歴史を積み重ねてきたことにある。

日本において、水田稲作は、社会の中で特別な意味づけをされてきた。それは、天皇による祭祀を含め、歴史的、伝統的な祭祀などの多くが、米や稲作と結びついてきたことにも象徴されている。狩猟や牧畜が、相対的に大きなウェイトを占めてきた大陸国家などと比較して、聖徳太子より古い時代から一貫して、水田稲作を基本に置いてきたことは、日本社会の重要な特徴と言える。

水田稲作では、強いリーダーシップや自由競争よりも、合意形成や支え合い、助け合いが重視される。その象徴が水の管理である。

水田稲作では、誰か一人が、抜け駆け的により多くの収穫を求めることは難しい。地域社会（ムラ）全体で水資源を確保し、洪水を防がなければ、収穫を維持できないからだ。また、稲作は、天候によって収穫量が大きく左右されるが、凶作の影響は、個人の努力や能力だけで防げるものではない。

だから日本では、水田稲作を効果的に進めるために、自由競争よりも地域による共同作業、つまり「支え合い」と「助け合い」を重視し、いわゆる村落共同体を構成して、河川という水資源を共有財産として管理してきた。

民族の移動がくり返され、騎馬民族が権力を握ることもあったユーラシア大陸では、必然的に自由競争を重視した社会となり、優れた能力を持つ強いリーダーを必要とした。リーダーの対応の良し悪しが、結果を大きく左右するからだ。しかし日本では、政治権力を争う一部支配層を除いた庶民の生活においては、強いリーダーや自由競争よりも、円満に合意形成しながら、支え合い、助け合う社会を構成することの方が合理的だったのである。

## 近代化の中でも引き継がれた助け合い

実は、明治維新以降の近代化プロセスでも、村落共同体で形成されてきた「助け合い」と「支え合い」重視の考え方が生かされている。

支え合いの精神は、ある時期まで日本経済の特徴であった終身雇用制と年功序列型賃金、そして企業内福祉の充実という形で、都市部でも受け継がれた。これらは、政府による社会保障に先行して、村落共同体に代わる支え合いの仕組みとして大きな意味を持った。

こうした日本型の雇用慣行は、近年、新自由主義の台頭によって、そのマイナス面ばかりが強調されてきた。しかし私は、戦後復興や高度成長を実現し、その果実を幅広く行き渡らせたという点で、プラス面も少なくなかったと考える。

農村部においても、都市化の影響で村落共同体による支え合いの力が低下する中、公共事業や農産物の価格支持制度など政府による「支え合い」の仕組みが構築されてきた。

「支え合いと助け合いに積極的な社会」とは、悪く言えば横並び思想とも言える。だが前述したように、農耕社会では、ムラ全体で協力しなければ、収穫を確保したり増やしたりすることはできない。その結果である所得も、奪い合うのではなく、皆で話し合って上手に分配しなければ、再生産につながらない。こうした社会では、所得の再分配や格差の是正に積極的になり、みんなで互いに支え合うという社会保障的な考え方に親和性を持つ。

もちろん、現代的な意味の所得再分配や格差の是正とは異なるが、日本の伝統的な村落共同体は、このような自然な流れの中で作られた、相互扶助的、社会保障的な側面を濃厚に含んだ伝統を有していたのではないだろうか。

## 憲法九条が守られてきたわけ

戦後日本に深く根付いた平和志向も、日本の伝統に基づくものだ。安倍自民党的「保守」は、日本国憲法について「米国から押しつけられた」と主張するが、日本は別に、「憲法を押しつけられた」ことで急に平和志向の社会になったわけではない。

日本の歴史を欧州史や中国史と比べると、正面から武力を衝突させて物事の決着をつけたという歴史的経験が、圧倒的に少ない。平安末期の源平の争いや戦国時代、幕末などのような「殺し合いの時代」も確かにあったが、一五〇〇年にわたる日本の歴史の中では、平安時代や江戸時代など、一定の平和が確保され続けた時代の方が、圧倒的に長い。大河ドラマや歴史小説で、源平、戦国、幕末が三大テーマとされるのは、裏を返せば「殺し合いの時代」が、この三つの時代に限られるからだとも言える。

「殺し合いの時代」においてさえ、敵方が完膚なきまでに叩きのめされたわけではなかった。源平合戦の結果として誕生した鎌倉幕府は、京の朝廷と正面から争うことなく、平和的共存を図った。戦国時代から安土桃山時代という流れを終焉させた関ケ原の合戦で、名目上とはいえ敗者の総大将だった毛利や、主要構成員だった島津は、三〇〇年近く後の幕末までしっかりと生き残った。幕末の戦乱では、逆に薩長が勝者となったが、徳川家はもとより、個人としての一五代将軍慶喜《よしのぶ》まで、明治の時代に生き残っている。

対外的な戦いに目を向けても、島国だったことも幸いしたのか、水際で防ぐことができた元寇を除くと、一九世紀まで外部から武力攻撃を受けていない。また、天皇は、明治維新による欧米流近代化から第二次世界大戦までの期間を除き、軍事に直接関与しないことを伝統としてきた。

「平和ボケ」と揶揄《やゆ》されることはあっても、日本が、武力による決着という発想を強くは持たずに、歴史を積み重ねてきたことは間違いない。

歴史学的な分析は専門家に委《ゆだ》ねたいが、日本人の平和志向は、農耕社会を背景に、争いを好まず、合意形成を大切にし、他者に寛容な文明を持つことから生じた、日本の歴史と伝統に基づくものと受け止めることが出来る。そして「十七条憲法」に「和を以て貴しと為す」と記されて以来、営々と引き継がれてきたのである。

戦後の日本で、「保守」を称する勢力が、圧倒的な長期にわたって多数派を占める中で、国際協調路線と必要最小限の軽武装路線が継続したのは、憲法九条の有無にかかわらず、それが日本の歴史と伝統を踏まえたものだったからだと考えるべきではないか。

## 3　「保守」が進めた「リベラル」な政策

### 「保守」本流と「リベラル」の親和性

このように考えると、本来の「保守」の考え方は、実は現在の日本における「リベラル」と、たいへん高い親和性を持っている。多様性を重視し、強いリーダーシップより合意形成と支え合いを大切にすることは、識者やメディアなどから「リベラル」と位置づけられている私たち立憲民主党の政治理念と限りなく共通する。

一五〇〇年にわたる日本の歴史と伝統を踏まえると、現在の日本政治において特定の政党や政治家に、「保守」「リベラル」のレッテルを貼り、対立概念として受け止めてきた風潮は、必ずしも実態を踏まえたものではない。

このことは、戦後日本の「保守」政党である自由民主党の歴史を振り返っても、浮かび上がってくる。

戦後日本の「保守」本流と呼ばれる流れを作ったのが吉田茂であることは、論を俟《ま》たないだろう。吉田は、大正デモクラシーの終わりから昭和二〇年までの、軍部が強い影響力を持った「昭和初期体制」に対し、自由主義の視点から反対し、日米戦争の早期終結を目指して軍部に抵抗した、「リベラリスト」の側面を強く有していた。

この時代の「リベラリスト」という言葉は、自由放任的な古典的自由主義者の色を濃く持っていた。吉田が、本書で言うところの、多様性と社会的公正を重んじる「リベラル」思想に立っていたと単純化するつもりはない。

しかし、吉田は、後述するように日本史の中では異色と言っていい「昭和初期体制」を否定し、それとは異なる本来の日本の姿を守ろうとしてきた。吉田を源流として、「保守」本流は、その後「吉田学校」とも称された池田勇人《はやと》や佐藤栄作、さらには田中角栄や大平《おおひら》正芳《まさよし》らに引き継がれた。彼らの手で、日本は高度経済成長を成し遂げ、「一億総中流」社会を実現することになる。

## 戦後「保守」本流が作り上げたもの

吉田に源流を持つ「保守」本流の自民党政権は、なぜ「一億総中流」を実現できたのか。それは、戦後復興や高度経済成長を実現したことに加え、その成長の果実によって社会保障を充実させ、格差の拡大防止と是正を推進してきたからだ。

社会保障について言えば、国民皆保険と国民皆年金を実現し、充実させてきた。現在すべての国民は原則として何らかの健康保険に入っている。誰でも保険証を持って医療機関に行き、かかった費用の一部を支払えば、安く医療を受けることができる。国民年金には、未納・未加入者の増加や非正規雇用の問題など多くの矛盾が生じているものの、すべての人が老齢年金を受け取れる仕組みそのものは確立している。急激な少子高齢化によって年金制度は曲がり角にきているが、それでも、相対的に充実した社会保障制度、セーフティーネットが作り上げられてきたのは間違いない。

彼らは、格差の拡大防止やその是正にも、熱心に取り組んできた。その手法は、地方への補助金や公共事業、コメの食糧管理制度に代表される農産物価格支持制度などによる再分配が中心であった。これらの手法には、特にここ二〇年から三〇年ほど、問題が多く指摘されているが、こうした施策が格差の拡大防止と是正に大きな成果を上げ、「分厚い中間層」を育てて「一億総中流」社会を作り上げたことは間違いない。

戦後の高度成長は、都市における二次、三次産業の成長が中心であった。都市近郊に次々と工場が建ち、農山漁村から多くの人々が集まり、下請けの中小企業まで含めて、都市部の企業と勤労者が豊かになっていった。この時代に、もし社会を自由競争に委ねていたら、農林水産品の価格はさらに低迷し、農山漁村における過疎化は、さらに極端に進んでいただろう。こうした都市と農山漁村との格差の拡大防止に取り組んできたのが、吉田を源流とする戦後「保守」である。

農山漁村だけではない。都市部でも、労働者を保護する法制が、一定程度整備されるとともに、中小企業・小規模事業者支援策も実施された。「一億総中流」を実現するための施策が、着実に進められてきたのである。

こうして日本は、格差拡大の防止と格差是正によって「一億総中流」を実現したからこそ、中進国から先進国へと進むことができた。

戦後「保守」政治のこうした側面を、私は高く評価している。

## 戦後政治のねじれ

戦後「保守」が手がけてきたこれらの政策は、欧米では「リベラル」や「社会民主主義」と呼ばれる政党が掲げているものである。日本で言えば、五五年体制下で長く野党第一党の座にあった日本社会党の政策に近い。

ところが日本では、このように、「保守」の自民党が政権党として「リベラル」な政策を一定程度実現してきた。自民党が長期に政権を維持するため、「社会党の政策を三年遅れで実施する」戦略を採った、という政局的な事情もあるが、日本の有権者は、「社会党への政権交代によってリベラルな施策を実現する」必要性を、強くは感じなかった。

もちろん、社会党をはじめとする野党勢力が、自民党を突き上げたことによって、社会保障の充実や格差拡大の防止が進んだのも間違いない。その意味で、かつての野党勢力も大きな役割を果たしている。

しかし、それは結局、政権の外側から、「保守」本流の政権与党を後押しする役割にとどまった。社会党などの野党は、自らの力で政権を握り、政策を実現するという機会を得ることのないまま、「万年野党」の立場に封じ込められてしまった。

五五年体制下で、自民党が一貫して政権与党を務め、社会党が選挙で自民党を下野させることがなかったのには、こうした事情もある。

政略的事情があったとしても、自民党の内側に、社会保障や格差拡大防止といった国家の役割を重視する「リベラル」な視点が存在していなければ、「リベラル」な野党の主張を、これほどまでに採り入れる必然性はなかっただろう。日本で、「保守」対「リベラル」という政治の対立軸が生まれなかったのは、我が国の歴史と伝統の中で育まれた「リベラル」な姿勢こそ、「保守」すべきものであるという日本人の感性を、自民党が体現してきたことが背景にある。

## 4　第二次安倍政権の壊した「保守」

### 立憲主義とは「保守」である

「保守」のありようを考える上で、特に強調したいのは、集団的自衛権をめぐる憲法解釈の変更をめぐり問題となった、立憲主義との関係である。なぜなら、立憲主義は、本来「保守」の立場からこそ、大切にされなければならない考え方だからである。

民主政の下における立憲主義は、「民主的プロセスによって成立した権力」に対する制約である。選挙などを通じて、民主的に選ばれた代表者であっても、権力を好き勝手に行使してはならず、憲法の制約に服さなければならない、という考え方である。

民主主義を単純に受け止めると、民主的に選ばれた代表者による権力の行使に対し、憲法で制約をかける必要はないはずだ。しかし、大部分の近代民主政は、そうした考えを採用せず、立憲主義を重視している。「民主的に選ばれた代表者であっても、その判断が絶対に正しいとは限らない」という考えがあるからだ。

こうした立憲主義の考え方は、人間は誰もが不完全なものであり、その人間が構成する社会も常に不完全であるという、「保守」の思想に基づくものにほかならない。先人たちの積み重ねてきた経験知を謙虚に踏まえ、世の中を少しずつ良くしていくという「保守」の観点に立ち、権力の行使を、経験知の集約である憲法で制約することとしたのである。

## 民主主義と多数決はイコールではない

第二次安倍政権発足以降の自民党からは、しばしば、「選挙で多数の民意を得た政権が、民意に従って政策推進を強行することの、何が悪いのか」という、傲慢《ごうまん》とも言える姿勢が感じられた。残念ながら、こうした姿勢は、後任の菅義偉《すがよしひで》政権にも引き継がれてしまった。

私自身、立憲主義の重要性を訴えると、自民党の支持者などから、「多数の民意を得た政権の判断を否定するのはおかしい」と批判されることがある。

しかし、そもそも民主主義と多数決はイコールではない。民主主義とは、「みんなで話し合い、みんなが納得できる結論を導き出す」ことである。多数決は、みんなが納得できる結論を導くための、一つの手段にすぎない。

例えばこんなケースはどうだろう。

旧知の友人五人が一〇年ぶりに集まり、食事会をすることになった。何を食べるか相談すると、四人は「蕎麦屋《そばや》がいい」と言った。ところが、残る一人は蕎麦アレルギーで、蕎麦屋に行くと何も食べられない。

この場合、「蕎麦屋」が多数意見であっても、これを押し切るのは正義でない。食べられない人がいるなら、そのことに配慮しつつ、「ほかに何が良いか」についてもう一度話し合うのが、「みんなが納得できる」決め方、つまり真の民主主義である。

この「蕎麦アレルギーの友人への配慮」のように、多数決でも押し切ってはいけないルールは、国家レベルでも存在する。それを定めているのが憲法であり、民主政の下における立憲主義、すなわち立憲民主主義の意義である。

こうした意味で、現在の自民党の姿勢は、本来の「保守」とは決定的に真逆である。

本来の「保守」ならば、「不完全な存在」である人間がつくった政権が、一時の多数だからと言って、先人たちの経験知と積み重ねの結果である憲法解釈を勝手に変更することには、抑制的でなければならない。ましてや、自らを批判する勢力（野党に限らない）を力で封じ込めようとすることに、躊躇《ちゅうちょ》する謙虚さがあるのが、真の「保守」の姿だ。

## 自己責任と競争重視

五五年体制当時の自民党は、「保守」でありながら、「リベラル」な施策を通じて「一億総中流」社会を実現させた。

だが、現在の自民党は、この点でも、当時の自民党とは似て非なるものである。むしろ、これまで述べてきた「保守」の本質や、一五〇〇年にわたる日本の歴史や伝統を踏まえると、「保守」とは対極にあると言わざるを得ない。

二〇〇一年に発足した小泉政権以降、自民党は、支え合いや助け合い、政府による社会的公正の確保よりも「自己責任」を強調し、競争重視の新自由主義的な経済政策を軸に置いてきた。小泉純一郎首相（当時）が叫んだ「自民党をぶっ壊す！」という言葉は、そのまま、自民党内の対抗勢力だった「保守」本流が営々と築いてきた、格差の少ない「一億総中流」社会を「ぶっ壊す」ことであった。小泉氏が拘泥した「郵政民営化」こそ、セーフティーネットの破壊の象徴とも言える。

小泉改革以降、格差は確実に拡大してきた。財政の問題が背景にあるとしても、社会保障というセーフティーネットがどんどん軽視されるようになった。五五年体制下に格差是正の手段であった公共事業や補助金行政などだけは残っているが、今となっては時代遅れの手法だけが顕著になり、再分配の機能を果たせなくなっている。

競争重視で弱肉強食的な新自由主義的傾向は、戦後の「保守」本流と明確に異なるのみならず、水田稲作を中心とした農耕社会を基本に、村落共同体が一五〇〇年にわたって積み重ねてきた、「支え合い」と「助け合い」という日本の歴史と伝統に明確に反している。

### 保守と分断

安倍晋三前総理やその側近にみられた、自らを批判する勢力は全て間違っているかのように振る舞う独善的な姿勢、国民を敵と味方に分けて味方以外を敵視する姿勢もまた、全く「保守」的ではない。

自分と異なる価値観を一刀両断で否定する姿勢は、合意形成を重視してきた日本の歴史や伝統とは異なる。自分が独善的に「正しい」と信じる社会を思い描き、あらゆる異論を排して、「この道しかない」とまっしぐらに進もうとする姿勢は、本来の「保守」主義が嫌う姿勢であり、それはむしろ「革新」に近い。

さらに「保守」的でないのは、安倍政権の「昭和初期体制」への親和性の高さだ。一五〇〇年にわたる日本の歴史の中で、「昭和初期体制」は異質な特徴を持つ。武力で物事に決着をつけようという志向性や、絶対的で排他的な価値観で社会国家を染め上げる「昭和初期体制」は、多様性と寛容を基本とする日本の歴史と伝統とは明らかに矛盾する。

だが、第二次安倍政権は、こうした「昭和初期体制」を懐古してきたように見える。安倍前総理らは、守るべき日本の歴史と伝統について「明治維新以降の一五〇年ほどの近代化プロセスの流れ」だと考え、これをさらに加速させようとした。そこには、欧米への憧れ、そして憧れの欧米と対等であろうとしてきた時代へのノスタルジーが感じられる。安倍前総理が「日本を取り戻す！」と叫ぶ時の「日本」とは、まさに「昭和初期体制」当時の日本であろう。

こうした方向性は、一五〇〇年に及ぶ日本の歴史や伝統とは大きく食い違う。長い日本史全体の中で、明らかに異質である時代のみを取り出して懐古し、その時代の価値のみを「保守」しようという姿勢が、本当の意味の「保守」であるはずがない。

## 今問われているもの

今問われているのは、「保守」とは、一五〇〇年の歴史を重視することなのか、近代化を進めた明治以降のわずか一五〇年を重視することなのかである。明治維新のもたらしたものを考えれば、後者は、「日本の欧米化を進める」路線ということだ。

それは本当に、日本における「保守」なのだろうか。

世襲ではない「たたき上げ」を自称する菅政権の発足によって、こうした安倍前政権における「保守的でない」姿勢に、何らかの変化が起きるのかどうかを注視していた。ところが、菅総理は、就任早々「安倍政権の継承」を高らかに掲げ、経済においては、アベノミクスをはじめとした新自由主義的路線を、むしろ加速しようとしている。

欧米流の新自由主義は、日本の伝統的な支え合いを壊してきた。そのことは、この二〇〜三〇年の日本の競争力を高め、日本人を幸せにしてきたのか。さらに振り返れば、明治維新で「富国強兵」「殖産興業」を掲げ、欧米文明を取り入れてきたのはなぜなのか。米国の背中を追って、戦後高度成長を実現してきたのはなぜなのか。

その根本から、文字どおり私たちの「国のかたち」が、そして目指すべき社会のあり方そのものが、問われている。

「私は保守だから自民党支持」と考えている国民の皆さんには、本当に今の自民党が、あなたがシンパシーを感じる本来の「保守」政党であるのかどうかを問い直してほしい。いま一度、「保守」「リベラル」の意味を問い直した上で、あるいは、そのようなレッテルから離れた上で、現在の政治のありようを見つめてほしい。

私が、批判を覚悟で「保守本流」と自称しているのは、こうした思いが背景になっている。

# 第2章　立憲民主党結成に至る道筋

「保守」すべき「リベラル」な社会と、その先にある「目指すべき社会像」そのものを述べる前に、その土台を作ってきた私の政治的な歩みについて説明しておこう。

## 1　九三年体制

### 五五年体制の終焉とともに

私が衆議院議員に初当選したのは、一九九三年。小選挙区制導入をめぐって宮沢内閣の不信任決議が可決され、突然の解散総選挙となり、非自民の細川内閣が誕生したときである。

小沢一郎氏らの離党などによって自民党は分裂し、選挙でも過半数割れして下野した。日本社会党は、第二党にとどまったものの議席を大幅に減らし、非自民政権の総理には、日本新党の細川護熙《もりひろ》氏が選出された。一年後には自社さ連立で村山内閣ができたものの、その後の社会党分裂に向けた起点となる選挙になった。

このように、私が初当選した選挙は、いわゆる五五年体制が崩壊した選挙と位置付けられる。

私は、日本新党が行った候補者公募に合格し、まだ弁護士三年目の二九歳。地盤も看板もカバンもない中で、いわゆる「落下傘候補」として立候補した。日本新党のブームに助けられ、埼玉五区で二位当選したが、それが、衆議院における最後の中選挙区制度による総選挙になった。

それから二八年になるが、この間の政治は、翌一九九四年に導入された小選挙区制度を前提に、「政権交代可能な二大政党制を目指す」という大枠の中で展開してきた。私は、この年に始まった政治構造を、「九三年体制」と呼んでいる。

私自身も、この流れに、ある意味で翻弄され、ある意味では当事者となり、その動きを進める一端を担ってきた。最後の中選挙区制度を経験はしているものの、小選挙区制度とともに生まれ育ってきた、いわば「小選挙区制度の申し子」とも言える世代である。

## 政権への道のり

この間、選挙地盤がゼロの状態からスタートしたにもかかわらず、多くの皆さんのご支援で当選を続けることが出来た。国会でも、武村正義《まさよし》さんや後に総理となる鳩山由紀夫さん、菅直人さんをはじめ新党さきがけの皆さん、さらには民主党でも、仙谷由人《せんごくよしと》さんなどの諸先輩に恵まれ、さまざまな経験を積ませてもらった。今、紆余曲折を経て、多くが立憲民主党に再び結集した世代の近い仲間とも、助け合い、時に切磋《せっさ》琢磨《たくま》する貴重な機会を積み重ねてくることができた。

一九九六年に旧民主党結成に参画し、九八年には新進党の分裂を受けた新しい民主党として野党第一党となった。そこからの一〇年余り、「政権交代可能な二大政党制」に向けて、常に政権奪取を目指して活動してきた。結果的に、この目標は、二〇〇九年の鳩山内閣成立によって、成就したかと思われた。

もっとも私自身は、この間の動きについて、若干醒《さ》めた見方をしていた。

一つには、自民党に対抗しうる二大政党の一翼として、何が自民党と違うのかについて、党内で明確な共通認識ができていなかった。そのことによる脆《もろ》さは、小泉ブームに煽《あお》られて迷走したことで自覚せざるを得なくなった。そして、二〇一二年の下野に際しての大分裂につながり、最終的には二〇一七年の「希望の党」騒動へとつながっていく。

もう一つは、政権運営に対する不安である。

初当選して一期目は、細川・羽田《はた》連立から自社さ連立と、一貫して与党の最若手議員の一人だった。特に新党さきがけにおいては、幹部と一回生議員しかいないという議員構成のために、与党内の協議の場で、自民党や社会党のベテラン議員と、形式的には対等な立場で議論する機会を得られた。そのことは、貴重なオン・ザ・ジョブ・トレーニングの機会となり、私の財産となった。

　この経験を通じて、良くも悪くも、自民党の層の厚さやしたたかさ、それを支える経験値の高さを痛感させられた。

　野党に対してはもちろん、与党内においても、したたかに「相手を持ち上げながら」自分たちの望む方向に流れを作っていく力。霞が関の官僚や報道関係者、学者や経済人までとの、幅広く、当時の私にはうかがい知れない深い関係。若気の至りで「とんがって」暴れながら、手のひらの上で踊らされている感があった。

　総理も務めた羽田孜《つとむ》さんや、大臣経験のある菅直人さんや藤井裕久《ひろひさ》さんらに、自由党と合併してからは、圧倒的な経験を積む小沢一郎さんも加わったが、一期目に窺《うかが》い見た自民党と比べたとき、全体として自分たちの経験不足を痛感していた。

　小選挙区制度の下で、野党第一党には「政権を目指す」責任がある。「政権交代可能な二大政党制」のためには、その時点の民主党で、なんとか政権を取らなければならない。だから自分なりに全力で政権交代を目指した。

しかし一方では、このまま政権を取れても、はたして上手くいくだろうかという、漠然とした不安を抱えていた。

## 2　経験不足の民主党政権

### 新政権発足の喧騒

二〇〇九年に鳩山内閣が発足し、私がそれまで抱いていた不安が、現実として突き付けられた。

私は、菅《かん》内閣と野田内閣で、幹事長や官房長官、経済産業大臣と、中枢の仕事を与えていただいた。そのため忘れられていることが多いのだが、二〇〇九年九月の鳩山内閣スタート時には、無役で二ヶ月ほどを過ごした。同期や後輩が入閣する中、高支持率でスタートした政権の熱狂を、半分は当事者でありながら、冷静かつ客観的な立場で観《み》ることができた。

考えてみれば、大臣のほとんどは副大臣の経験もなく、例えば、官僚の秘書官チームが付いたり、日常生活ではＳＰ（警護官）さんが付いたりするのも初めて。党の側も、「野党として要求を押し込む」経験はあっても、「与党として野党を納得させて円滑に国会を運営する」経験のあるメンバーはごく少数。野党時代とは比べものにならないくらい、官僚も各種団体も、様々な案件を抱えながら「低姿勢で」やってくる。報道関係者も、野党時代には、担当者が一社当たり少ないと党に一人、場合によっては野党全体で一人しかいなかったが、中堅議員にまで、表現は悪いが群がってくるようになった。

新しい政権は多くの国民から大きな期待を受けていた。その期待に応《こた》えようと、それぞれが慣れない状況の中で目一杯頑張っていた。それは、ともすると肩に力が入り過ぎているように見えた。

私は、仲間たちがその喧騒の中で奮闘しているのを「大変だなあ」と同情しつつ、期待しながら見守るしかなかった。

その後、私は、事業仕分けの統括役となり、翌二〇一〇年二月には行政刷新大臣となって、喧騒の中に徐々に入っていくことになった。ＳＰさんや、秘書官をはじめとする官僚の皆さん、さらには担当記者との接し方にはじまり、議員としての活動とは一変した仕事の内容に慣れるまで、日々戸惑うことばかりだった。

それでも私は、無役で二ヶ月、入閣までは五ヶ月ほどの間、先輩や同僚の奮闘を近くで見てきたという経験があった。

二〇一一年一月からは官房長官を務め、内閣の要《かなめ》役として、省庁間の調整を担い、閣議の進行役となったが、その際も、それまでに閣僚や与党幹事長を経験していた。それでも、その職務の幅広さと複雑さに、当初は戸惑いが多かった。

鳩山政権発足時に官房長官を務めたのは、今、立憲民主党の代表代行を務める平野博文さんだ。副大臣等の経験もなく、初入閣で官房長官となり、閣議をはじめとする内閣の事務を取り仕切る役割を、まったくの未経験の中で担った。官房副長官の経験者ならともかく、初入閣で初めて参加する閣議を取り仕切った平野さんには、自分も官房長官を経験したがゆえに、特に一目も二目も置いている。

## 立憲民主党の財産

二〇〇九年からの民主党政権が、なぜ国民の期待に応えることが出来なかったか。

その答えは、目に見える表層的な面をとらえるか、背景となり水面下にあった構造の点でとらえるかなど、人によって切り口が異なる。多様な切り口で見ている皆さんの、大方を納得させる答えは出せないし、当事者の自覚こそが本質であって、外に向かって大声で叫ぶものではないと考えている。

ただ、経験不足がさまざまな現象の根っこの部分にあったことは間違いなく、この認識を多くの皆さんに共有していただくことが、「次」に向けて不可欠だと感じている。

二〇〇九年からの民主党政権は、年齢という意味でも若い政権だった。私も四〇代半ばであったし、当時四〇代、五〇代で閣僚を経験して、一〇年経った今も五〇代、六〇代の働き盛りである仲間がたくさんいる。副大臣や大臣政務官として行政の一翼を担った経験者は、議員や衆議院選挙立候補予定者の約三割を占める。それぞれが苦い経験をして、その経験を踏まえて、「次は同じ失敗はしない」と強く感じている。

この経験値こそが、二〇〇九年の民主党にはなくて、今の立憲民主党にある財産だ。この経験値を活かさなければ、同じような失敗をすることが避けられない。私たちの世代の責任は大きい。

### 安心感のために

多くの皆さんが、「民主党政権は期待に応えてくれなかった」という受け止め方をしていることは、残念ながら否定できない。野党勢力は、その不利な前提の上で、「新たな期待」を集めなければ、政権の選択肢となれない。

そこで私たちが追求すべきなのは、「民主党政権の時より大きい期待」そのものではない。

一度応えられなかった経験がある以上、同じような意味で、さらに大きな期待を集めるのは至難の業に等しい。ましてや、「期待に応えなかった」という認識に対して、奇をてらった目新しいことを提案しても、あるいは、大衆に迎合した人気取りに走っても、より強い不信を招くだけだ。

二〇一二年末の下野から、私たちは、「早く支持を取り戻したい」「早く政権に復帰したい」と思うあまりに、目先を変えたり、奇をてらって有権者に認めてもらおうとしたりと右往左往してしまったのではないか。そのことが、かえって信頼回復を遅らせてきたとの反省がある。

むしろ目指すべきなのは、「また期待に応えられないかもしれない」という「不安」を払拭《ふっしょく》する、「安心感」や「安定感」ではないのか。挫折の経験を活かして、「今度は上手くやれるはずだ」という「安心感」と、それを生み出す「安定感」こそが、「新たな期待」を得るために、私たちが最も大事にしなければならないものだったのではないだろうか。

もちろんそれは、政権の選択肢となるための最低限の必要条件に過ぎず、十分条件ではない。しかし、必要条件をみたすことなしに、十分条件には至らない。

こうした意味でも、経験値を活かした「安定感」を示すことが重要であり、私たちの世代の責任は大きいと思っている。

## 3　東日本大震災の経験

### あのとき何を思ったか

現在に至る私の「思い」を「確信」に変える大きな契機となったのが、東日本大震災と東京電力福島第一原子力発電所事故である。

二〇一一年三月一一日、私は官房長官として対応の先頭に立つことになった。その経験は、私の政治家としての第二の原点となった。

私は東北大学の出身で、仙台は青春を過ごした第二の故郷と言って良い。今も仙台を中心に、東北各地に住んでいたり実家があったりする友人も多い。大規模な津波被害を受けた名取市閖上《ゆりあげ》は、学生時代にアルバイトで歩いていた地域だった（当時は新聞社の世論調査が面接方式で行われ、その調査員としての対象エリアが閑上だった）。被害を受けた岩手や福島の各地にも、学生時代を中心に、何度も遊びに行った。

閣僚としては一足先に国会内から官邸地下の危機管理センターに駆け込んだとき、最初に入った情報は、震源とマグニチュード、そして予測される死者数が一万人を超えるという衝撃的なものだった。間もなく原発事故の情報も入り、自分が対応しなければならない危機が、過去に経験したことのない大きなものであることを痛感した。

官房長官としては圧倒的に若くて体力もある。被災地は青春を過ごした第二の故郷。普段はあまり好きな言葉ではないが、この時ばかりは、この危機に全力で立ち向かうことが「天命」だと感じた。

そこから一〇日ほどは、総理大臣官邸内で仮眠をとるだけの生活が続き、その後も一ヶ月ほど、総理官邸の敷地内にある官房長官公邸で過ごした。総理大臣公邸と異なり、官房長官公邸は、管理費などを節約する観点から「住まない」のが慣例だと言われていたが、「こういう時のためにあるんです」と言われて活用した。

今振り返っても、この時期は、次々と入ってくる新しい情報への対応に追われ無我夢中であった自分と、「私だけは常に冷静でいなければならない」と強く意識し、特に、国民の皆さんに不安を抱かせないような落ち着いた行動を保とうとしていた自分の、二人の自分がいた。

## 情報は隠さない

個別にはご批判があるのは当然だし、特に被災当事者の皆さんに対しては忸怩《じくじ》たる思いだが、当時の情報発信について、できることは最大限したと思っている。

初動の段階から「情報は隠すな。全部出せ」と繰り返し指示を出し、私が知っている情報は包み隠さず発信した。それでも、私まで上がらない情報がありご批判を受けた。危機管理センターの私のデスクには、新しい情報を伝えるファックスのコピーが、小一時間で高さ二〇～三〇センチの山となる状況だった。その中に紛れて、「知り得た」けれど気づいていなかった情報もあっただろう。

今もしばしば問題とされるのが、私の「直ちに健康に影響はない」という発言である。

この発言は、飲食物から基準値を超えた放射線量が検出された場合を中心に、特定の状況について急性放射線障害の恐れがないことを説明したものだ。同時に、長期的に同程度の被ばくが続いた場合、例えば飲食物であれば一年以上にわたって平均摂取量をとり続けた場合に、空間放射線量についても放射線量の高い地域に長期的に滞在し続けて被ばく量が累積した場合に、健康を害する恐れもあるとの趣旨を説明している。農畜水産物については出荷停止をしており、空間線量についてもモニタリングを強化することで累積被ばくによる健康被害を防ぐための対応をしていることも述べており、検出された放射線量による「直ちに」生じる影響はなく、中長期的な影響を食い止めることも出来る旨は明確だった。

正確かつ詳細に説明したつもりだったが、後になってこの部分だけを切り取って報じられた結果、一方では、原発事故による影響全体についての発言として受け止められ、これを過小に伝えたとの批判があり、もう一方では先々のことについていたずらに不安を高めたとの批判を受けた。

政治的発言については、どう切り取られるのかを含めて、政治の責任で言葉を選ぶ必要があるのかもしれない。しかし、危機管理において詳細な説明の一部を意図的に切り取られると、正確な情報が国民に届かなくなる。他に適切な説明はなかったと思いつつ、今も「正解」はどんな表現であったのか自問が続いている。

## パニックを起こさないために

情報を隠さない一方で、私が最も気を遣ったのは、話し方や話す態度であった。

私は、話しているうちに早口になるのが悪い癖で、しかも、本来の声は高い。しかし、記者会見で官房長官が早口で甲高く叫んでいたら、国民はどう受け止めるか。逆に、自信なげに不安そうに話していたらどうなるか。読み違いで何度も噛んだらどうだろうか。

話す中身が、国民に不安を与えパニックを起こしかねないものである以上、できるだけ冷静な態度で落ち着いて低めの声で話すこと。パニックを防ぐためにできることはこれしかない、という思いで会見に臨んでいた。

特に注意したのは記者の質問に対する答えだ。

予期しない問いも少なくないが、これに対してうろたえた姿を見せると、隠していなくても何か隠していると疑われ、ひいては不安やパニックを引き起こすことにつながりかねない。資料を探す時も落ち着いた態度を変えないように、分からない時には、その理由も含めて明確に「分からない」と言うように、と注意していた。

それでも大変だったのは、三月一二日に、最初の水素爆発が起きた時だ。官邸においても断片的であいまいな情報しかなく、唯一の正確な情報は、全国民が見ている日本テレビ系の映像のみ。予定していた会見の時刻になっており、さらに正確な情報を待つべきか、正直言ってこの時だけは迷った。

結局、「同じ映像を見て、深刻な事態と受け止め、情報収集に努力している」ことだけを、すみやかに会見で発信した。「分からないから何も言わない」よりも、「分からないので努力している」と発信した方が、国民に与える不安は、まだ小さいのではないかと判断した。

## 発信者を明確にする

あの時の政府の発信については、その軸が官房長官であることが明確だった。それだけ責任も大きかったが、危機管理上は重要なことだと感じている。

危機においては特に、情報共有の行き違いや、発信者によるニュアンスの違いが、大きな混乱を招きやすい。残念ながら、新型コロナウイルス感染症に対応する現政府も、西村康稔《やすとし》担当大臣と加藤勝信官房長官、田村憲久厚労大臣、最近は河野太郎ワクチン担当相も加わって、誰の言っていることが正しいのか不安になることが少なくない。

官房長官に情報を集約し、政府全体としては発信に多少のブレが出ても、長官会見が軸であることをはっきりさせることが重要である。当時は官房長官秘書官の皆さんが、私の会見の前に各省の情報などを集約してくれていたため、私と各省の大臣が違うことを言って問題になることもほとんどなかった。

## 司令塔に情報を集約

これは発信だけの問題ではない。危機対応そのものに、情報を集約する司令塔が存在するかどうかで、大きな違いが生じる。

例えば東日本大震災の時、計画停電という前例のない対応が必要となった。

停電そのものは経済産業省の問題であるが、停電となれば運休する鉄道は国土交通省の管轄だし、大混乱が生じる恐れの高い銀行業務は金融庁が所管であるなど、関係する省庁は多岐にわたる。

深刻だったのは、不意の停電によって人工呼吸器が突然停止するなど、命の危機にさらされる方が出る可能性が生じたことだった。厚生労働省を通じて、関係者に対する電話連絡を急いでもらった。

発災の二日後、三月一三日の日曜日に連絡を受け、東京電力側の対応が可能なことは何か、電力利用者の側で出来ることは何か、様々な調整を続けた。計画停電初日となる翌一四日、月曜日まで、ほぼ徹夜での調整となった。

人工呼吸器のためには、計画停電の開始を遅らせたい。そのためには、計画停電がなくても電力消費量が限界を超えないよう、鉄道を動かすことは待ってもらいたい。鉄道だけの範囲でも、計画停電のやり方によっては電車は走るが踏切は停電で止まるという、見過ごせない情報があった。

経済産業省が横並びの各省と短時間で調整できる状況でなく、官房長官の責任で、各省や、その関係機関に無理をお願いした。

各省庁の官僚の皆さんは、平時においては自分の所管する対象を見て、所管する権限の範囲で仕事をしている。緊急事態でも、明確な指示や要請、情報などがなければ、その範囲で対応せざるを得ない。

コロナ危機の下でも、観光庁は観光産業をどう守るかを考えるし、農林水産省は農家などのことを心配する。一方で厚生労働省は、感染症への対応など医療そのものや、介護や雇用という所掌事務の範囲で対応することになる。明確で強力な司令塔が存在しなければ、それぞれの動きがちぐはぐになってしまう。

今、こうした機能がうまく働いていないのではないかと心配している。

## 4　東日本大震災で得た確信

### 政府の機能不全

震災対応の中で痛感したのは、政府の機能が小さすぎることだ。

当時、官邸のスタッフはもとより各省の官僚の皆さんも、国家的危機という意識を共有し最大限の努力をしていた。それでも、原発事故による避難のための車両の手配は進まず、物資が避難所に届かず、何度指示してもガソリン不足が解消しなかった。

避難所などへの物資の配送は、仙谷前官房長官（当時）が官房副長官として入り、各省からエース級の官僚を集めて生活支援チームを立ち上げたことで、ようやくスムースになった。この仕組みは、自民党政権でも概《おおむ》ね維持され、その後の災害で成果をあげている。

初めからある程度順調だったのは幹線道路の復旧である。これは、日ごろから国土交通省の出先機関が、地元の業者などと良好な関係を持ち、風水害や除雪などの緊急対応も含めて一定の経験があったからだ。

ガソリンの問題は、その後みずから経済産業大臣を務めて、その背景を痛感した。資源エネルギー庁を含めて、経済産業省は実働部隊をほとんど持たず、民間への指示や指導を通じて政策を推進している。ガソリンを輸送するという、平時には特に問題とならない課題だが、道路の損壊や原発事故の影響でさまざまな障害がある中、民間とともにどう進めるのか、ノウハウも経験もなく、役所も民間も悪戦苦闘していたようだ。

緊急時に迅速で効果的な対応をするには、行政の側の備えが重要である。それは、民間の協力を得る場合でも変わりはなく、平時から密接に連携し、情報やノウハウを共有しておくという備えがないと、急にはできない。

「民間でできることは民間で」というスローガンは間違っていないかもしれない。しかし、その旗の下で、「民間でできないこと」まで民間に委ね、現場力が不足し、小さすぎて機能しない政府になっていたことを痛感した。

そしてコロナ禍の今も、実働部隊が不足しているために、マスクの配布や、持続化給付金や家賃支援給付金の給付で、著しい混乱が生じた。一〇万円の特別定額給付金も、地方自治体という実働部隊を小さくし過ぎてしまい、そこに協力をお願いする国の側の体制も脆弱であったため、混乱の末、大幅に遅れる地域が続出した。

## 自己責任論からの脱却

東日本大震災の際、もう一つ痛感したのが、自己責任論の誤りである。

命を落とした人、自宅を流された人、避難を余儀なくされ故郷に戻れない人。誰にも「自己責任」などとは口が裂けても言えない。「自助」でなんとかしろとも、とても言える状況ではない。「共助」すら、地域全体が被害に遭った中では、地域や親族間などでの支え合いに大きな期待をすることができない。ボランティアの皆さんにも頑張っていただいたが、被害の範囲が広すぎて、その支援が届かなかった方々が圧倒的に多い。

初動対応が一段落すると、こうした皆さんの暮らしを取り戻すことが課題となったが、ここでは前例主義の壁を感じた。

「公的な復旧・復興には予算を使えるが、個人の財産には使えない」というのが、従来からの政府の姿勢である。初動では一体となって頑張ってくれた各省庁も、落ち着いてくると「自助」を基本とする前例主義が頭をもたげてきたのだ。何とか隙間をこじ開けながら、グループ補助金など暮らしや事業の復旧に対する支援を積み重ねたが、「公的な復旧・復興」が基本で、個人の財産は「自助」とされてきた前例そのものを打破するには至らなかった。

## 「平成の大合併」の負の側面

東日本大震災の地震と津波は、多くの市町村に甚大な被害を与えた。その被害情報も、そして被災者への支援も、基本は市町村を通じて行われた。

危機管理センターに届く情報の中に、聞いたことのない市の名前がいくつもあって、当初は戸惑った。平成の大合併によって新しい名前の市になっていたのだ。例えば南相馬市は、原町や小《お》高《だか》、鹿島と言われてピンときた。

土地勘だけなら大きな問題ではないが、災害対応では、合併の負の部分が出てしまった。特に、大きな市に周辺の町村が吸収合併された地域では、どうしても人口の集中している旧市の情報や対応が中心にならざるを得ない。町役場が出張所になったことで、身近な職員も大幅に減って、住民と役所との距離も広がった。さまざまな努力と工夫をしている自治体もあったが、全体としては、合併された旧町村への対応が後手に回った。少なくとも当該住民の多くが、そう感じたことは否定できない。

合併しなかった町村にも、行政とその財政の規模的制約から、問題が少なくなかった。大槌《おおつち》町のように、町長をはじめとして多くの職員が津波で亡くなられ、たいへんな困難に直面した町もあった。それでも、自治体としての独立性が維持されている方が、つまり「○○市△△地区」よりも「□□郡△△町」の方が、きめ細かい支援を行き届かせやすいと感じた。

例えば、東京電力福島第一原発事故の大きな影響を受けた地域には、平成の大合併を採用しなかった町村が多い。福島県の飯舘《いいたて》村は小さな村だが、避難指示やその後の対応について、村独自の厳しい主張が政府に何度も届けられた。その他の原発事故による避難指示区域も、町村ごとに異なった事情や状況を抱える中で、ある時期からはきめ細かい要望が届けられ、政府としても最大限対応しようと努めてきた。

平成の大合併全体を否定しようとまでは思わない。しかし、最も「公助」が求められる災害時だからこそ、最も身近な「公助」の拠点である基礎自治体（市区町村）が住民に近い存在であることに、重要な意味があると明らかになった。今後の自治体のあり方には、大いに参考にしなければならない。

## 立憲民主党の原点

私は、政治家になる前から、多様性のある社会を目指すとともに、「支え合い」を重視する社会を目指してきたつもりだった。

しかし、新自由主義全盛の時代状況の下で、たとえば小泉改革がブームになる中で、新自由主義的「改革」にすり寄ったことはなかったか、大震災と原発事故への対応の中で、強く反省させられた。

また、政府の財政赤字が急速に拡大する中で、財政再建の重要性を強く意識してきた。財政健全化の重要性に対する想いは、今も変わらないが、それ自体が自己目的化していなかったか。できるだけ健全な財政を次世代に引き継ぐことは重大な責任だが、それは、今の世代も次の世代も、世代を超えて支え合うことが重要だからに他ならない。次世代にツケを残さないことも重要だが、今の時代に生きる人々に、必要な「支え合い」が行き届かなくなってはいけない。

新自由主義的「改革」にすり寄ることなく、「支え合う」社会をはじめとする目指すべき社会像や理念を明確にして、その旗を高く掲げる必要がある。

政治家としての第二の原点として、東日本大震災への対応を通じて得た確信が、二〇一七年の立憲民主党結成へとつながっていった。

## 5　「第二自民党論」からの脱却

### 失った旗印

経験不足とともにもう一つの問題点であった共通認識の不足も、政権を運営する中で、大きな弱点として顕在化した。

かつての民主党には、「自民党に代わり得るために、自民党との違いが小さいことを強調すべき」という考え方が、相当程度存在した。理念や哲学では自民党との違いを出しすぎるべきではないとして、「第二自民党」となることを目指し、政権奪取につなげるべきという声まで存在していた。

結果として、例えば子ども手当には、支援対象を弱者に限定せず社会全体ですべての子どもたちを支援する「普遍主義」という理念があり、農業者戸別所得補償制度には、「経済的価値にとどまらない一次産業の多面的価値を適切に評価する」という哲学があったにもかかわらず、こうした理念や哲学が、党内ですら共有されなかった。そのため、野党になった自民党から「バラマキだ」と批判されると、その批判に過剰にひるんでしまったり、本質からずれた言い訳に終始したりすることになった。

看板政策についてすら、自信をもって訴え続ける理念や哲学が共有されていなければ、抵抗を撥《は》ね除《の》けて推進することはできない。

よく考えれば、「第二自民党」を作っても、それより経験も地方組織とのなじみもある「第一の自民党」の方が支持されてしまう。

そもそも自民党という政党は、既に述べたように、「保守」を名乗りながら「リベラル」な、あえて言えば「社会民主主義的」な政策まで取り込んできた歴史がある。その強みは、政策そのものというより、強固な地方組織の存在と、それに支えられた安心感、そして経験値の高さにある。

「政権交代」という旗印は、それを実現するまでは有効かもしれないが、政権を取ってしまうと意味を失う。特に有権者の視点からは、「どんな政策を実現し、どんな社会を目指すのか」が重要な関心事項であり、「誰が政権を担うか」は問題ではない。ましてや「政権交代」という目標は、政治家や政党にとってのものにすぎない。

理念や哲学の共有が不十分なまま、「政権交代」そのものを目的化してしまえば、それを実現した瞬間から、目標と求心力を失うのも必然であったのかもしれない。

## 「希望の党」騒動がもたらしたもの

二〇一二年一二月に民主党が下野し、第二次安倍政権が発足して以降、一つには自民党自身が、新自由主義的で強権的かつタカ派的な方向に、大きく舵を切った。「リベラル」な、あるいは本来の「保守」という体質を失い、その主義主張が明確になった。

他方で、二〇一七年の「希望の党」騒動と立憲民主党の結成によって、対抗する勢力も、結果的に旗印が明確になった。

立憲民主党結成にあたって、私は、「希望の党」との違いを明確に示した。

それは、かつての民主党や、直前まで属していた民進党において掲げられていたものと、本質的には違いがない。しかし、それまでは、「第二自民党」論であるとか、「理念や政策に幅を持たせないと自民党に対抗する大きな勢力がつくれない」という声に押されて、あいまいさを含んでいた。

「まずは一人で旗を立てる」という結党の経緯からも、また、「希望の党」との違いを明確にする必要に迫られていたことからも、立憲民主党は、あいまいさを「排除」した理念を掲げることになった。

結果的に、「希望の党」とだけでなく、自民党とも、その違いが明確になった。

## 時代の要請

それから三年が経ち、二〇二〇年九月に、国民民主党や無所属の仲間と合流して、新しい立憲民主党となった。

私たちの間では、三年間の経緯の中で、特に共同会派としての歩みの中で、意識の共有化は十分に図れていると思っていた。実際に、仲間の皆さんの協議を経て、より良いものに磨きあげられたが、自民党との明確な理念の違いを示すという基本は変わることなく、新しい綱領が合意された。

それは、第二次安倍政権が自民党の方向性を明確にした結果、差別化がしやすくなったことが、一つの背景になっている。

同時に、社会そのものが変化する中で、新自由主義的な方向とは違う「もう一つの選択肢」の必要性が高まり、これに対する共通認識が、多くの野党議員の間で共有されていたからだ。

この後詳しく述べるように、自民党によって進められてきた政策の行き詰まりが、多くの皆さんの生活に深刻な打撃や大きな不安を与え、これらが顕在化する中で、私をはじめとして多くの非自民議員の中で、従来から持っていた「思い」が「確信」に変わってきていたのだと思う。

現実政治の中の現象としては、「希望の党」騒動がきっかけとなり、「大きな構え」の必要性が合流の背中を押したのは事実だが、昨年九月の新しい立憲民主党の結成と、新自由主義とは異なる「支え合いの政治」という明確な旗印は、「時代の要請」だと受け止めている。

# 第3章　新型コロナウイルス感染症が突きつけた日本の課題

二〇二〇年。日本を含め、世界を取り巻く環境は、新型コロナウイルス感染症によって大きく変わった。病気そのものによる脅威ももちろんだが、現代社会の抱える矛盾と課題が、明確な形で私たちに突きつけられた。

一極集中やコスト削減などで「目先の効率性に偏重した経済」。自助を強調して社会を分断した「過度な自己責任社会」。公的業務を担う組織や人を切り詰めてきた「小さすぎる行政」。

この三〇年から四〇年近くにわたって、日本だけでなく多くの先進国で構築されてきた、いわゆる「新自由主義的」傾向に偏った社会経済システムが、新型コロナウイルス感染症という歴史的な危機において、いかに脆弱であったかが明らかになった。

## 1 「効率性に偏重した経済」の脆弱さ

### 「命を守る」ためのサービスが足りない

新型コロナウイルスの感染拡大は、様々な問題点を明らかにした。その中で、直接的かつ最も顕著なことは、医療、そして介護、保育・学童保育、障がい福祉といったケアサービスが、非常に脆弱な状態に置かれていたことだ。

これらは、私たちの生命を守り、一人ひとりが生まれ、育ち、暮らし、年を重ねていくために必要不可欠なサービスである。

にもかかわらず、例えば徹底した効率化を求められていた日本の医療は、コロナ禍という危機に直面し、医療崩壊といえる状況にまで追い込まれた。感染が急拡大するのに伴って、感染症の対応にあたる現場にとどまらず、幅広く病床や医療体制の不足が拡大した。救急搬送する病人を受け入れる病院が見つからなかったり、がん患者の手術が延期されたりするなど、コロナ以外の患者の命と健康にも大きな影響を及ぼした。

日本の医療は「世界最高水準」と言われてきた。だが、医療機関の統廃合や病床数の抑制などが国を挙げて進められてきた結果、こうした大きな危機に際して、医療体制はいとも簡単に余裕を失ったのである。

それだけではない。多くの医療機関は、感染予防のための費用がかさんだのに加えて、感染拡大に備えるために一定の空き病床を確保する必要が生じたり、患者が院内感染を恐れて受診を控えたりしたため、収入も大幅に減少し深刻な経営危機に陥った。これによる経営破綻が広がれば、医療体制はさらに脆弱性が増すことになる。

医療だけではない。高齢者が生きるために不可欠な介護サービスや、子育てのために必要な保育、放課後児童クラブ（いわゆる「学童保育」）、そして障がい福祉など、国民の命と暮らしを支えるケアサービスは、コロナ禍を受け軒並み苦境に陥った。

これらのサービスは、これまで、国家財政が赤字であることから、財政健全化の名の下に「効率化」を強く求められ、ギリギリの運営を余儀なくされてきた。「ひと」が不可欠なサービスであるにもかかわらず、人員数も、給与などその処遇・待遇も低く抑えられてきた。このため、人手不足が慢性化し、濃厚接触が避けられない仕事であるにもかかわらず、感染防止策を十分に進めるためのゆとりもなく、ましてや感染者やその疑いのある者が出たときの対応にはなはだ苦慮することとなった。

これらのサービスが、現在、何とか崩壊せずに成り立っているとしたら、それはそれぞれの仕事に携わる個人の使命感に支えられたものだ。システムとしてはすでに崩壊していると言っても過言ではない。

## 一極集中の「過密」社会は危機に弱い

目先の効率性ばかりを追い求めてきた経済は、「選択と集中」というかけ声の下、東京を中心とする都市への一極集中と地方の過疎化を進行させた。こうした流れは、特に戦後復興から高度成長の時代に、経済の効率性を高める上で大きな効果があった。

しかし、今回のコロナ禍では、これが裏目に出た。東京をはじめとする人口集積地において、クラスターの発生など感染拡大の大きなリスクを抱えることになった。「満員電車で長時間通勤」に代表されるように、東京をはじめとする大都市部には、いわゆる「三密」となる場所が数多く存在する。人との接触機会を減らして感染拡大を防ぐためには、政府や自治体は外出や営業の自粛を要請せざるを得ない。こうした施策は、テレワークなどの新しい働き方を生んだ面はあるものの、全体としては経済活動をほぼ停止状態に追いやり、多くの人々を苦境に陥れた。人が集まれば感染拡大のリスクは高まる。人が集まることで効率性を高めてきた社会が困難に直面することは避けられない。

感染症に限ったことではない。例えば近い将来、首都直下地震などの災害に見舞われれば、東京に集中している政治・行政・経済の中枢機能が、一度に壊滅的な被害を受ける。首都直下地震などで、東京に集中する政府中枢や民間企業の本社などが一斉に機能不全となった場合、緊急災害対応も、その後の復旧・復興も計り知れない困難に直面する。

一極集中社会は表面的には効率的に見えても、危機には極めて弱い。こうした現実を、コロナ禍は改めて私たちに突きつけている。

## 行き過ぎた国際分業が日本の安全と安心を脅かす

効率性重視の経済が生んだ三つ目の側面は「行き過ぎた国際分業」である。

私たちは、生きていくために必要不可欠なものの多くを、外国からの輸入に頼っている。世界における日本の地理的、経済的立ち位置から、そのことが一定程度避けられないのは間違いない。しかし、今回、感染拡大の防止に不可欠なマスクや防護服が、一時的にとはいえ国内で十分な調達ができないという事態を招き、その弱点が最も象徴的な形で表れた。

日本人はコロナ禍に見舞われる以前から、風邪や花粉症などへの対策として、冬から春にかけて日常的にマスクを使用してきた。マスクは地元のドラッグストアなどで、当たり前に手に入るもののはずだった。

ところが、そのマスクの約八割が、主に中国からの輸入品だった。新型コロナウイルスは最初に中国で感染が拡大したため、中国国内で膨大な量のマスクが消費され、日本に輸出する十分な量を確保できなくなった。

マスクだけではない。防護服をはじめ新型コロナウイルス感染症に対応するその他の医療器材から、食糧や衣類など生活の根幹となる部分を含めて、私たちが日常使っている多くのものが海外からの輸入に頼っている。国内生産されている工業製品においても、多くの場合、代替困難な主要部品を海外に依存している。

目先の効率性と採算性だけを考えれば、低コストで調達できる場を国外に求めるのは当然のこととされてきた。しかし、世界的な危機を生じた今回の場合のように、国際情勢によっては、海外調達が一気に困難になることも避けられない。

現時点ではまだ、幸いなことに食糧や資源・エネルギーの輸入に支障が生じるところにまでは至っていない。だが、新型コロナウイルス感染症の世界的な蔓延がさらに深刻化し、例えば途上国などを中心に感染拡大がさらに続いた場合は、世界的な食糧不足が生じる恐れも否定できない。このような場合には、日本の食糧輸入が困難になる可能性がある。日本は食糧やエネルギー安全保障の観点で、大変なリスクを抱えているのだ。

資源に乏しい日本が、食糧やエネルギーを海外に依存することは、当面避けられない。貿易立国としてグローバル化を否定できないため、工業製品の輸入依存も、全面否定は困難である。だからこそ、政府が関与した最低限の備えが必要である。目先の効率性に振り回されて、最低限の備えすらなされず放置されている現状を転換しなければならない。

## 2　「過度な自己責任社会」の脆弱さ

**「社会の危機」が「個人の生活の危機」に直結する**

経済が過度な効率化を進める一方で、社会は個人に「自己責任」を押しつけてきた。疾病や失業、老いなど、長い人生におけるさまざまなリスクについて、公的なセーフティーネットに頼らず「自力で何とかする」ことを当然視する風潮が日々強まってきた。政府が積極的に旗を振ったというより、政府自身はむしろ陰に隠れ、国民相互による一種の「監視」によって、そのような「空気」を作り出したとも言える。例えば、いっとき幅広く展開された「生活保護バッシング」によって、極貧の中にありながら申請をためらう方が多くいる。

このような社会は極めて脆弱だ。今回のコロナ禍のように社会全体が危機に陥ると、それぞれの個人の生活が、いきなり「生きるか死ぬか」という危機に直結してしまうのだ。

分かりやすいのは雇用の面だ。

効率性重視の経済は、従業員の人件費という固定費を「コスト」とみなし、削減の対象としてきた。この三〇年ほど、派遣労働の規制緩和を進める労働者派遣法の度重なる改正などによって、非正規雇用、不安定雇用で働く労働者が急増した。こうした労働者の賃金は低く抑えられ、その結果「貯蓄ゼロ」の世帯が急激に増えた。厚生労働省の国民生活基礎調査によれば、この一〇年で、貯蓄ゼロ世帯は一〇・五％から一五・七％に増えている。貯蓄ゼロとは、仕事を失えば直ちに「食べられなくなる」ことを意味する。

コロナ禍の影響で経営に行き詰まった企業は、こうした不安定雇用の労働者を切り捨てざるを得なくなっている。その中には、職場の寮などで暮らしている人もおり、彼らにとって仕事を失うことは、同時に家を失うことにつながる。前述のように万一のための貯蓄などが皆無の人も多く、「失業即ホームレス」という状況に陥りかねない。

同様のことは、例えば採算ギリギリでの下請けを余儀なくされてきた中小企業・小規模事業者などを短期間で倒産や廃業に追い込み、余力のない運営を続けてきた福祉分野の事業継続を著しく困難にするなど、社会の様々な側面に表れている。

**作りだされた社会の「分断」**

長期にわたって自己責任が強調されてきたことで、社会の連帯が失われ分断が進んでいる点も見過ごせない。

自己責任が強調されれば、他者に配慮しようという意識は弱まる。過度な自己責任社会の下で余力を失った者は、他者をおもんばかる余裕も失っていく。他方で、その時点で「たまたま」成功して余力のある者は、「自己責任」で成功したと思う。つまり自分だけの力で成功したと勘違いしがちである。その結果、厳しい状況にある者に対する配慮を失う傾向にある。

こうした状況が長期間続いた中でコロナ禍が生じ、現実に社会の分断が幅広い分野で顕在化している。

「自分さえ良ければ」という意識が、医療従事者や宅配業者、その家族などに対する偏見や差別と言わざるを得ない言動、例えば宅配業者に突然、消毒液を吹きかける行為や、県境を越える運送に従事するトラックドライバーが子どもの学校行事への参加を断られるなどの問題を生んでいる。こうした方々が、一定のリスクを背負いながらエッセンシャル・ワーク（生活の維持に欠かせない仕事）に従事してくれているからこそ、私たちは自分自身の感染リスクを抑えながら生活できているのに、そのことに意識が行かなくなっている。「自粛警察」とか「マスク警察」などという言葉も生まれた。感染しないために「自己責任」で最大限の努力をしている自分たちの苦労を無にしかねない他者の言動に対して、極端に攻撃的になる。他者に思いをいたす心の余裕が失われ、ギスギスした社会になってしまった。過度な自己責任論が生んだ分断の象徴である。

## 3　「小さすぎる行政」の脆弱さ

### 脆弱な保健所の体制

三つ目の脆弱さは、行政の体制だ。

新型コロナウイルスの感染拡大において、対応の最前線に立っていたのが全国の保健所だ。多くの保健所では、感染が疑われる患者に対しPCR検査の必要性を判断したり、患者が発生した時には濃厚接触者や関係先を調べたり、さらには感染への不安を訴える住民の相談を受け付けたりと、職員たちが連日にわたり不眠不休と言っても過言ではない努力で対応にあたっていた。その奮闘には心からの敬意を表したい。

初期の段階から行政に最も求められていたのは、感染の有無を確認するPCR検査の実施に向けた体制整備であった。感染を早期に発見して治療につなげるとともに、無症状感染者や軽症者を適切な施設で一定期間隔離することができれば、国民の命を守れるだけでなく、経済や社会への影響も最小限にとどめることが可能である。

しかし、当時の安倍総理が「検査能力を拡大する」といくら強調しても、実際の検査件数はいっこうに増えなかった。政府の表現によれば「目詰まり」を起こしていたのだ。

最大の原因はマンパワーの不足にある。元号が平成に変わった一九八九年、全国には八四八の保健所があったが、二〇二〇年には四六九と、ほぼ半減している。一九九四年に保健所法が全面改正されて「地域保健法」と改称されたことに伴い、全国の保健所の統廃合が進められ、職員も削減されたためだ。職員たちはより小さな組織でより大きな役割を求められ、疲弊しきっていた。

## マスクも配れない政府

保健所だけではない。この間、全国の自治体で職員数が削減され、同時に非正規化も進められてきた。

今回のコロナ禍で、安倍政権はこの疲弊した自治体組織に、「全国民一律一〇万円」の特別定額給付金（二〇二〇年四月決定）の支給にかかわる業務を「丸投げ」した。多くの職員らは、こちらも不眠不休に近い状態で対応にあたったが、国民にとってすぐに必要なお金であるにもかかわらず、申請書がいつになっても届かない状況が各地で発生し、振り込みが大幅にずれ込むなど、給付までにかなりの時間がかかる自治体が続出した。

　これから進んでいくワクチン接種の業務も、具体策は市区町村への丸投げで、現場からは困惑の声が相次いでいる。

　それでも特別定額給付金は、給付にかかわる業務を行政が直接担っただけ「まし」だと言える。中小企業・小規模事業者向けの持続化給付金に至っては、所管する経済産業省が肝心の支給業務に十分対応できず、民間の「サービスデザイン推進協議会」に「丸投げ」してしまった。

　この問題をめぐっては、協議会が業務を大手広告代理店「電通」に再委託し、それに伴う税金の「中抜き」が行われた疑いも表面化した。しかし、それ以上に見過ごせないのは、申請開始日の五月一日に手続きを済ませた人の中で少なくない方々が、その後一ヶ月近くも何の音沙汰もないまま放置されるなど、国民に「実害」が生じていたことである。

　そもそも、安倍前総理が自ら「目玉政策」のごとく打ち上げた、一世帯に一律二枚の「アベノマスク」でさえ、製品の不具合が見つかり回収を余儀なくされる、という笑えない話もあった。マスクが国民のもとに届いた頃には、すでに市販のマスクが市中に出回っていた。マスクの一律配布すら満足にできない政府が、給付金をまともに支給できないのは当然なのかもしれない。

自公政権のコロナ対応が、さまざまな場面で後手に回ってきた背景には、こうした行政体制の不備があったと言わざるを得ない。

## 情報集約・事務処理能力の欠如

コロナ禍は、行政に情報集約や事務処理の能力が欠如していることも露呈させた。

全国の感染状況やPCR検査の実施状況に関して、正確で迅速な情報が求められていたのに、医療機関から保健所への感染者情報についての報告は、信じられないことにファックスで行われていた。感染者数に関する集計ミスも発生した。結果として政府は、正確な感染情報の把握に手間取り、その後、効果的な対策を打つことにも大きな支障が生じた。

特別定額給付金の申請は、オンラインと郵送の二つの方法で行うことができたが、鳴り物入りで導入されたはずのマイナンバー制度が、迅速な給付のためのインフラとして全く機能しなかった。ついには「郵送での申請の方がオンライン申請より給付が早い」という、首をかしげたくなるような事態まで生んだ。

政府は、デジタル化やオンライン化の旗を振り、マイナンバーカードの取得やキャッシュレス決済などを国民に勧めてきた。しかし、どの分野よりも行政分野こそが、こうした流れから取り残され非効率な運営を続けてきたのである。

任期途中で病気を理由に辞任した安倍前総理の後を受け、二〇二〇年九月に就任した菅義偉総理は、就任会見で「デジタル庁」を新設する方針を示した。日本における行政関連のデジタル化は、一〇年どころか二〇年遅れていると言え、世界標準に追い付くには相当な時間が必要だ。デジタル化を進める方針は当然のことであり、そこに異論はない。

だが、ここで留意すべきなのは、デジタル化を急ぐ目的を見誤らないことだ。目的は、行政手続きや行政事務の効率化であり、デジタル化は、そのための手段に過ぎない。

特に、関連産業の支援とは明確に区別すべきである。関連産業の支援に意識がいくと、行政事務の改善という本来の目的から離れた予算が付けられ、利権や癒着の温床につながりやすい。また、行政のあり方が問題なのだから、国民にデジタル化を迫ることにつなげてはならない。国民にデジタル化を求めることは、プライバシーや利用が困難な高齢者・生活困窮者などの問題にも配慮して、十分な理解を得ながら進めるべきだ。

どうも菅政権は、デジタル化の目的をはき違えている気がしてならない。

この問題の本質は、行政サービスの縮小につながったり、単なる人員削減にとどまったりしてきた「行政改革」のあり方を、「同じ作業量をより少ない労力で行うことを可能にする」という本来の業務改善へと意識改革することである。繰り返し強調しておくが、デジタル化そのものは目的ではない。「同じ作業量をより少ない労力で行うことを可能にする」ために、デジタル技術を最大限利用するのが本来の形である。

この点では、ワクチン接種にマイナンバー制度を使おうという政府の方針も心配だ。間違っても、「デジタル化は進んだが行政事務の作業量が増えてしまった」という本末転倒が生じないよう、監視していかなければならない。

## 4　コロナ禍の先に見据えるべき社会のあり方

### 感染のリスクはすべての人に

今回の感染拡大が私たちに突きつけた本質は、「ウイルスは人を選ばない」ということだ。皮肉を込めて言えば「ウイルスは忖度《そんたく》しない」のである。

世の中に「自分は絶対にコロナに感染しない」と言い切れる人は、おそらく誰もいないだろう。「三六五日、他者と接することなく暮らす」ことができれば、感染を完全に防ぐことも不可能ではないかもしれないが、よほどの富裕層でなければ無理だ。それに、そんな暮らしは、社会的に人としての活動を断念することを意味する。長く続くわけがない。

人と接触しながら、なおかつ感染を避けることは、自分一人の力だけではできない。どんなに自分や家族、あるいは大切な人が感染を防ぐ努力をしても、感染が市中に広く蔓延してしまえば、完全に感染を防ぐことはできなくなる。どんなにお金があっても、社会的地位や名声があっても、自分だけでは自分の命を守りきることはできないのだ。

二〇二〇年三月の志村けんさんの死去は、私たちに深い悲しみを与えただけではなく、日本中にこの現実を強く突きつけたのではないだろうか。

## 感染症の影響は「自己責任」か？

感染によって命と健康が脅かされるだけではない。コロナ禍は直接の感染がなくても、私たちの暮らしを壊滅的なまでに脅かす。

例えば飲食業に従事している皆さん。これまで頑張って働いて店を出し、売り上げも伸びて借金の返済も終わり、これから稼いでいこうと張り切っていた方が、コロナ禍による営業自粛要請で一瞬のうちに経営破綻に追い込まれたり、借金をして開業準備を進めていた方が、店を開いた途端コロナ禍に直面し、にっちもさっちもいかなくなったりしている。

例えば映画、演劇、音楽など、文化・芸術に携わる仕事についている皆さん。昔ながらの伝統技術や文化を守るため頑張ってきた皆さん。イベント自粛要請などで多くの公演の機会が失われ、事業の継続が困難になっている皆さん。こうした分野で働く人たちの多くはフリーランスであり、イベントなどがなくなったことで全くの無収入に陥り、明日の暮らしさえままならない状況に追い込まれている。

これらは自己責任なのか。飲食店にお客さんが来なくなったのは、公演を開けなくなったのは、自分たちの責任なのか。

もしもコロナ禍がなかったら、二〇二〇年の夏には東京五輪・パラリンピックが行われ、世界中から多くの観光客が日本を訪れていたはずだ。五輪・パラリンピック需要を見越して、外国人観光客に向けた多くのビジネスが立ち上がっていた。予定どおり行われていれば、これらのビジネスは大きく成長しただろう。こうした「五輪需要」を期待していた皆さんの多くが、五輪・パラリンピックの延期で売り上げがほぼゼロになり、倒産の危機に追い込まれている。

今は「勝ち組」だと思っているあなたも、明日は何が起こるか分からない。自分の力だけで本当に、自分自身や大切な人の命と暮らしを守りきれるだろうか。

## 過度な自己責任社会から「支え合い、分かち合う」社会へ

誰も一人では生きていくことができず、社会は、「支え合い、分かち合う」なかで成り立っている。だから、運悪く感染してしまった人も、運悪く仕事を失ってしまった人も、「支え合い、分かち合う」ことできちんと暮らしていける社会をつくっていく。そんな社会にしなければ、次にそのリスクとコストを負担することになるのは、これを読んでいるあなたかもしれない。

過度な自己責任論は正しくない。新型コロナウイルス感染症は、私たちにこのことを突きつけた。効率性に偏重した経済の脆弱さも、小さすぎる行政の脆弱さも、そのベースには過度な自己責任論がある。

過度な自己責任論から脱却し、支え合う経済と、機能する政府を取り戻す。

豊かさも痛みもしっかりと分かち合い、支え合う。そんな社会・経済と行政・政治を取

り戻すことで、私は、コロナ禍という危機を乗り越え、「その先の未来」を作っていく。

新型コロナウイルス感染症危機によって明らかになった問題点の多くは、バブル崩壊後の「平成の政治」が進めてきた流れの帰結と言える。

私が衆院議員に初当選したのは一九九三年。平成五年である。このころから、日本の政界では「官から民へ」「民間でできることは民間へ」というスローガンとプロパガンダが、与野党を問わず声高に叫ばれ続けてきた。私自身、そうした流れに乗っていた部分があったことを反省している。

振り返ると、こうした流れは、昭和の終わり、国鉄や電電公社の民営化を実現した中曾根行革から続いてきた。昭和の終わりには、あるいは平成三年のバブル崩壊までは、高度成長期から次の時代に進むために、一定の合理性があったかもしれない。

しかし、それが、「効率性に偏重した経済」を生み「過度な自己責任社会」を誘発した。

「小さすぎる行政」は国民を守る力を失った。そのことが今回のコロナ対応で明らかになったのだ。

「公務員を減らせば改革だ」などという三〇年以上前からの発想は、もはや時代遅れとなっていることに、私たちは気づかなければいけない。

# 第4章　そもそも日本は今、どこにいるのか?

前章で示した限界をどう突破し、新自由主義的な社会の次にやってくる時代の方向性を、どう指し示すのか。

それを考えるためには、さらに大きな視野で「現代日本社会がどんな時代にあるのか」を正しく認識し、現状を分析することが必要だ。

## 1　私たちが生きてきた時代

### 近代化の時代

私たちが生きる現代とは、世界史的には産業革命に、日本史においては明治維新に始まる「近代化の時代」であった。近代化によって国民国家が形成され、生産力を著しく高め、一定の豊かさを手にした上に今がある。先人たちは自由競争を基本に置き、競争の成果として生産力を高める一方、競争の結果生じる負の部分をどう補正するかという課題に、紆余曲折を経ながら取り組んできた。

二〇世紀の終わり頃から、このバランスは、自由競争に重心を置く新自由主義的方向に傾いてきた。世界的にはレーガン米大統領やサッチャー英首相、日本では前述の中曾根康弘首相や小泉純一郎首相が、規制緩和や民営化で自由競争を加速し、経済を活性化する方向に重点を置いた政策を進めてきた。いわゆる「アベノミクス」も、この延長線上にあった。

## 閉塞感の広がり

自由競争をより重視する新自由主義的方向性は、確かに一時的には成果を上げた。しかし、ここ数年、コロナ禍の前から、日本も世界もその限界に直面し苦慮してきた。日本では、自由競争を加速させる施策を打ち続けているにもかかわらず、かつてのような持続的な経済成長にはつながっていない。バブル崩壊以降三〇年近くにわたり、経済成長率は年平均一％程度にとどまり、ほぼ「ゼロ成長」の状況が続いてきた。この状況は七年八ヶ月の第二次安倍政権下でも変わっていない。

競争の激化は、日本のみならず、先進各国でいわゆる格差や貧困の問題を生んだ。多くの国で国民の不満が高まって社会が分断され、その不満は英国の欧州連合（ＥＵ）離脱や米国の「トランプ現象」など、保護主義的傾向の復活につながった。

この閉塞感をどのように打ち破るのか。

これまでの延長線上で打開策を模索しても、答えは見つからない。なぜなら、私たちが直面している「今」は、これまで歩んできた近代化の中で所与のものとなっていたはずの現実が、前提として成り立たなくなっている時代だからである。

日本では「転換期」という言葉が叫ばれ続け、「改革」とその挫折が繰り返されて久しい。しかし、何がどう転換しているのか、何をどう「改革」すべきなのかは、必ずしも明確にされてこなかった。これらの言葉の具体的な意味をきちんと分析することが、閉塞状況を打開するための前提条件である。

## 2　人口の急増から急減へ

### 近代日本における人口の変化

日本が直面している転換期の具体的な中身として、何よりも本質的で明確なのは、人口動態である。

日本の近代化が始まった明治維新のころ、日本の人口は三五〇〇万人程度だった。これが第二次世界大戦のころには七〇〇〇万人を超え、七〇年余で二倍に増えた。さらに二〇〇八年、日本の人口は一億二八〇八万人で最多となった。戦後六〇年余で二倍弱に、明治維新からの一世紀半で約四倍に増えたことになる。

この間に生じた科学技術の進歩、経済の拡大、社会と国際環境の変化は、枚挙にいとまがない。日本の歴史全体を振り返っても、この間の変化の激しさは他に例がなく、比類なき激動の時代であったと言える。

その日本社会の基本的構成が、一世紀半にわたる激動の時代全体をひっくり返すような、さらに大きな変化に直面している。二〇〇八年にピークを記録した日本の人口は、増加してきた時代と同じくらいの急激なペースで減少を始めた。現在の見通しでは、日本の人口は二〇五〇年頃までの三〇年ほどで一億人を割り、二〇七〇年頃までの半世紀ほどで、終戦時の人口程度にまで半減する。

## 人口増を前提とした社会の仕組み

人口の急増は、それを支え得る経済力（象徴的には、当初は食糧生産力そのもの、その後は食糧を輸入しうる経済力）の増大と、相互に他方の主要因となりながら、概ね一世紀半にわたって続いてきた。明治維新以降に作られたさまざまな社会的制度、例えば年金制度や国家財政の仕組みは、人口増を（これを支え得る経済力の増大も含めて）当然の前提としながら構築されてきた。

この前提が根本から覆《くつがえ》っている。

例えば年金制度は、自分が現役時代に積み立てた保険料を、老後に年金として受け取る「積立方式」ではない。「現在の現役世代が、現在の高齢者を支える」仕組みである（これを「賦課《ふか》方式」という）。人口が増え続け、保険料を納める現役世代の数が増えていく時代なら、平均寿命が延びて高齢者が増えても、深刻な問題にはならない。ところが現在は、若い世代ほど人口が少ない。新たに年金を受給する人の数よりも、新たに保険料負担を始める人の数の方が圧倒的に少なくなる。だから「年金の持続可能性」に疑問が生じる事態となっているのだ。

政府の財政赤字も同様だ。今後納税者の数が増えていくのなら、増えた納税者が将来、赤字を分かち合うことができるため、返済の見通しも立てやすい。しかし、今後納税者の数が減り、一人当たりの負担が増えていく中で、さらに財政赤字を膨らませれば、将来、一人当たりの負担は二重に大きくなってしまう。

とは言え「人口急増から急減への変化」という現実は、簡単には変えられない。

人口減少を食い止めるには、合計特殊出生率（一人の女性が一生の間に産む子どもの数）を二・一にまで回復させる必要がある。

だが、現在の出生率は一・五を下回っている。仮に、現在考えられている少子化対策を第6章や第7章で述べる方向で総力を挙げて推進し、それを支える経済対策などがすべて最大の効果を上げたとしても、出生率を二・一に回復させ、実際に人口減少が止まるまでには、一〇年単位の時間が必要だ。既に比較的人口の多い団塊ジュニアと呼ばれる層は、多くの方が子どもを産む時期を過ぎており、これからの世代は減っていく一方である。

私は、おおむね二世代分、六〇年ほどの時間が必要だとみている。もはや私たちは、人口減少が一定期間続くことを前提にして社会と経済を組み立てざるを得ない。

人口減少社会という現実は、経済の量的拡大に対する大きなマイナス要因となる。明治維新以来、特に戦後復興から高度成長期にかけて当然のことと考えられてきた「経済は右肩上がりで拡大し続ける」という前提は、もはや成り立ちにくくなっているのだ。

## 労働人口の減少

第一の要因は、労働人口の減少である。

国全体での経済規模、すなわち国内総生産（GDP）の一つの側面は、大ざっぱに言えば、一人当たりの生産力とそれに携わる人数、つまり労働力人口との積（掛け算）である。一人当たりの生産性を向上させることができても、急激な人口減少の下では、その積を伸ばしていく（GDPを成長させる）ことは困難になる。

一〇％を超える経済成長を実現していた高度成長期は、労働力人口自体が年一％から二％程度伸びており、その伸びが全体の経済成長に寄与していた。しかも、「農村から都市へ」「第一次産業から第二次産業へ」と労働力の移動が劇的に進んだ時期だから、第二次産業を中心とする経済成長への労働力の寄与分は、さらに大きかった。

逆にこれからの日本は、増えてきたときとほぼ同じスピードで人口が減っていく。当然ながら、労働力人口も同じ程度に減っていくことを覚悟しなければならない。

政府は「高齢者や女性の労働力を活用する」と旗を振っているが、それには限界がある。人口が減るということは、当然ながら女性の人口も減るということだ。また、現在は高齢者が人口のボリュームゾーンになっているが、高齢者もやがて寿命を迎える。その後の世代が減っていけば、高齢者の数もいずれ減少に向かう。仮に女性や高齢者の活用が上手くいったとしても、それは、多少即物的で失礼な言い方になるが「一回限りのストックの活用」のようなものだ。中長期的に減少を続ける労働力問題の本質的な解決にはならない。

人口が減少していく中でGDPを伸ばすには、一人当たりの生産性を向上させることがますます重要になる。しかし、先進国共通の傾向として、一人当たりの生産性の伸びは鈍る傾向にある。

## 消費者の減少

第二の要因は、消費者の減少である。

日本は「貿易立国」と言われてきたが、GDP全体の半分以上、六割近くは、国内での消費である。この消費の落ち込みや伸び悩みが、バブル崩壊以降の日本経済にとって最大の課題であり、消費を拡大させることが経済政策のポイントになっている（これも後述する）。

しかし、人口が減るということは、すなわち消費者の数が減るということだ。消費者の数が減れば、消費が減少し経済規模を縮小させる方向に働く。

もちろん、家計収入が増えて一人当たりの消費額が伸びれば、それを補うことも可能だ。

しかし、急激な人口減少を補えるほどに家計消費額を増やすためには、収入の大幅な伸びが必要だ。さらに言えば、消費を牽引《けんいん》してきた車やテレビ、冷蔵庫などの耐久消費財の多くは「一人一台」を超えた需要を生みにくい。付加価値を高めて単価を上げたとしても、消費者の数が減るマイナスを乗り越えるのは困難だ。

それだけではない。人口減少社会は少子高齢社会を伴う。一般に、高齢者は新たな「モノ」の購入意欲が低い（のちに述べる「消費性向」が低い）。特に日本では、高度成長の実現によって、すでに一定程度の「モノの豊かさ」が行きわたっているし、耐久消費財も高品質で壊れにくい。そんな中で、高齢者に対し、壊れにくい耐久消費財を「買い替えよう」という気持ちにさせ、需要を生み出すことは容易ではない。

## 3　グローバル化が直面する壁

### 「安価な労働力」の急激な参入

人口減少に加えてさらに深刻なのは、日本と世界の産業構造が大きく変化し、近代化そのものが壁に直面しているという現実である。人口減少によるマイナス要因と合わせ、従来のような経済の量的拡大（ＧＤＰの成長）が著しく困難な時代に入ったことを、私たちは明確に認識しなければならない。

私たちが現在の物質的な豊かさを築くことができた最大の理由は、近代化の中で大量生産が可能になったからである。少ないコストで同じものを大量に生産することで、世界経済は発展を続けてきた。

この「大量生産で豊かになる」という構造が、急激に変化している。

東西冷戦の終結を契機に、二〇世紀末ごろから世界はグローバル化が急激に進んだ。そのために、途上国から安価な労働力が、飛躍的な量とスピードで世界経済に参入した。これらの国々の中には、日本などの先進国と比べて労働対価が一割以下という国まであった。

先進国の名だたる企業は、安価な労働力を求めて、中国から東南アジア、東欧から中南米に至るまで、大量生産のための工場をこぞって展開した。これらの大企業の多くは、株主の構成が非常にグローバルになっていて、それだけを見ると、どこの国の企業なのか分からない。こうしたグローバル企業にとって、労働対価の高い先進国に大量生産の拠点を置くことは、経済合理性に見合わず、株主の意向に沿わない。

大量生産を可能にするとは、多くの場合「誰にでも生産できる」体制に近づけることを意味する。新製品や新技術の研究や開発の段階では、日本をはじめ教育や技術力に優《まさ》る先進国に優位性があっても、量産体制に入れば、人件費の安い新興国に優位性が出てくる。

新興国が新しい技術を導入し、価格競争力で先進国に対抗できるようになるには、かつては相当の時間が必要だった。だが最近は、近代化とグローバル化のスピードが速く、こうしたタイムラグは急激に小さくなった。コンピューター技術も含めた自動化など、生産技術そのものも大幅に向上した。労働力の熟練度を問わずに大量生産が可能になり、新興国への生産地の移転がしやすい環境が整っている。現に、日本が強みを持っていたテレビなどの液晶技術は、大量生産を始めた途端に新興国に追い付かれ、追い越されてしまった。

こうした新興国との競争に勝とうとしたら、企業は派遣労働を活用するなどして日本国内の労働対価を引き下げざるを得ない。国民生活の水準は悪化することになる。

## 供給力の急激な拡大

もう一つ忘れてはいけないのが、供給量の問題だ。

新興国の安価な労働力が、急激かつ大量に世界経済に参入した結果、大量生産が可能な分野では、供給過剰に陥りやすくなった。中国による鉄鋼の供給過剰が問題になっているが、こうした状況は、当然に価格の低下をもたらす。つまり、グローバル化が進むほど、世界経済はデフレに陥りやすい。

工業製品だけではない。多くの農産品についても、化学肥料や農地改良などの技術進歩によって、供給過剰の傾向が強まっている。では、なぜ飢餓の問題が起きるのかというと、これは食糧全体の「偏在が著しい」ことが原因であり、供給量の問題ではない。

供給過剰によるデフレ傾向が続けば、大量生産による利潤も小さくなり、労働対価を引き上げることは困難になる。労働対価が上昇しなければ、中間層は育たない。中間層が育たなければ、消費者の需要を新たに掘り起こすのは難しい。需要を掘り起こせなければ、供給過剰は解消しない。こんな悪循環が生まれている。

「新興国の安い労働力の流入」と「供給過剰によるデフレ」によって、日本を含む先進国が、新興国とのコスト引き下げ競争に勝ち、大量生産で稼ぐことは、すでに困難になっている。この路線を無理に進めるなら、国内の労働対価を大幅に引き下げざるを得ず、一定層の国民の生活水準は間違いなく悪化する。

グローバル化そのものを否定しない限り、私たちはこうした現実を、当然のこととして受け入れざるを得なくなっている。

## 4　時代の変化の中で問われているもの

### 「近代化モデル」の限界

もはや世界は、かつて先進国で成功した「近代化モデル」、すなわち「大量生産で量的な生産性を向上させれば、人々の暮らしをより良くできる」という、単純な法則が通用する時代ではなくなっている。そして、日本は、先進国の中でも、こうした「近代化の限界」に最も早く直面している。なぜなら日本は、「近代化に最も成功した」国だからである。

経済成長は、基本的には歓迎すべきことだ。しかし、人口減少と急激なグローバル化の中で、今後も従来の路線をとり続けることが現実的に可能なのか。仮にこの方法で経済成長を実現できても、多くの国民の労働対価が引き下げられ、生活水準が悪化したのでは、意味がないのではないか。

こうしたことを正面から問われる時代に、私たちは直面している。

新型コロナウイルス感染症危機の下で明らかになった、日本の経済・社会・行政の脆弱さは、まさにこの「近代化の限界」そのものである。限界に直面しながらも、それを誤魔化してやり過ごそうと無理を重ねた結果が、感染症という現実の前で一気に露呈しているのだ。

## 求められる「より大きな視点」

日本は、明治維新以来、欧米の技術や制度を急速に導入して近代化に成功し、物質的に豊かな社会を築くことができた。その基本にある自由競争という考え方まで否定しようというのではない。競争なき社会は、努力しようとするモチベーションさえ生まない社会となってしまうからだ。

それに、今さら日本が、グローバル化を否定することはできない。資源と領土に乏しい日本は、「貿易立国」として発展する道を取らざるを得なかったし、それは間違っていない。むしろ、日本のような国が保護主義的、排外主義的な方向性で国を成り立たせるのは不可能だ。第二次世界大戦に至る歴史が、そのことをはっきりと証明している。

しかし、自由競争やグローバル化によって豊かになった日本の社会と経済は、今、現実に急激に行き詰まっている。人口動態に象徴されるように、今の日本は、この一五〇年ほど積み重ねてきた社会の前提となるあり方が大きく覆っている。積み重ねてきた経験が通用しないからこそ、私たちは今、苦慮しているのである。

今、求められているのは、より広く大きな視野で、私たちが直面している変化の本質と向き合い、限界を認めた上で、それを乗り越えるための模索と努力である。

# 第5章　新自由主義の限界

第二次安倍政権が、デフレからの脱却と経済の再生を掲げて推進してきた「アベノミクス」は、新自由主義的な政策であり、従来型「近代化モデル」の経済政策である。後任の菅政権も、これを踏襲する考えを示している。だが、前章でみてきたように、人口減少とグローバル化の中で、「経済の量的な成長で国民を豊かにする」ことをひたすら追い求めてきた「近代化モデル」は、もはや限界に達している。

にもかかわらず、「アベノミクス」は八年近く成功した「ことになっている」。そして、多くの国民がこれを支持してきたとされる。なぜなのだろうか。

## 1 「アベノミクス」とは何だったのか

### 「アベノミクス」の本質

安倍政権は、米国を中心に加速してきた自由競争やグローバル化などの「新自由主義的」路線を、さらに進めようとしてきた。金融緩和、財政出動、規制緩和という「三本の矢」は、いずれも小泉内閣以来の自民党政権が推し進めてきた、グローバル化を徹底する「新自由主義的」路線を前提としている。近代化路線がすでに行き詰まりを見せているにもかかわらず、安倍政権はさらに加速する方向性を打ち出してきたのだ。

また安倍政権は、政治的にも「高度経済成長の夢」をなぞり、国民に誤った「夢」を見せようとしてきた。二〇二〇年東京五輪・パラリンピック、二〇二五年の大阪・関西万博が、その分かりやすい例である。

八年近く続いた安倍政権の下で、未だにデフレを完全には脱却できず、国民が経済成長の果実を得られないのは、限界に達している「近代化モデル」にいつまでも拘泥しているからに他ならない。

私たちは、明治以来一五〇年進んできた社会のあり方が今後は通用しないこと、過去の成功体験が役に立たないことを直視しなければならない。これまでの社会が続く前提で打ち出される政策は、もはや時代遅れなのだ。

### 平成経済の実態

客観的な実態を示しておこう。

バブルが崩壊した直後である一九九二（平成四）年以降の、我が国の実質ＧＤＰの成長率は、二〇一八（平成三〇）年までの平均で一％弱。昭和の終わりの一九八〇（昭和五五）

年から一九九〇（平成二）年までの約一〇年と比較すると、物価変動の影響を除いた実質で四分の一、金額ベースの名目では一〇分の一にも届かない。この基本構造は、第二次安倍政権発足以降、新型コロナウイルス感染症が経済に悪影響を及ぼすまでの約八年間も、何ら変わっていない。

その原因は、ひとえに内需にある。

バブル後の同じ期間に、輸出の成長率は実質で四・一％、名目で二・九％。昭和の終わりからの一〇年と比較して、六割程度は成長している。高度成長期と比べれば低い水準だが、バブル前後の比較では一定の低下にとどまっている。国際収支も、一時的なマイナスはあるものの黒字基調だ。日本は海外との関係では、この間も豊かさを拡大し続けている。

逆に、大きく落ち込んだのは消費である。同じ期間の民間最終消費支出の伸びは実質で一・〇％、名目では〇・八％にとどまる。昭和の終わりと比べ、実質で四分の一、名目では八分の一だ。しかも、民間最終消費支出は、ＧＤＰ全体の五割以上を占めている。ちなみに輸出の占める割合は、この間で伸びてきているとはいえ、二割にも達しない。

他の先進国との比較でも、日本の輸出の成長率は決して低くなかった。他の先進国が一定の成長を遂げる中で、日本のＧＤＰ成長率が伸びなかったのは、内需の冷え込みが続いてきたことが決定的な理由である。

## 2　「三本の矢」の効果

### カンフル剤としての「財政出動」

そんな中で進められた「三本の矢」の一つは、公共事業を中心とした従来型の財政出動だった。

公共事業などの従来型財政出動は、今日に至るまで、主要な景気対策として、歴代の政権が積極的に実施してきた。しかし、こうした手法は、本質的には当座の時間稼ぎを目的としたカンフル剤や痛み止めの施策である。

従来型の財政出動は、かつて高度成長を遂げていた時代には、確かに大きな効果を上げていた。

財政出動をすれば、国が直接財政を支出する「真水」相当分は、少なくとも一回限りの経済効果はもたらす。例えば、大きな道路や港湾、大規模施設などのインフラを建設すれば、その完成までの期間は、建設業者などに「仕事」が発生し、報酬が入る。公共事業に従事する労働者に賃金が支払われ、それが使われることである程度は消費を拡大させる。こうしたカンフル剤や痛み止めとしての効果が切れるころには、民間の投資や消費が拡大し、経済の好循環を生み出してきた。

第二次安倍政権でも、新型コロナウイルスの影響による下落などはあったものの、全体的に株価は上昇傾向にあった。金融緩和やそれによる円高是正が主たる要因だが、財政出動に一時的な効果があったことは否定しない。

しかしアベノミクスは、その後の経済の好循環を生まなかった。確かに株価は上昇したが、それは「財政出動したから経済効果がありそうだ」という期待を、市場関係者に一時的に持たせただけに終わった。

## 新たな投資や消費を生み出せない構造

第二次安倍政権以降の財政出動は、なぜ経済の好循環を生み出さなかったのか。それは、財政出動というカンフル剤の効果が切れるまでの間に、新たな消費や投資を拡大させることができなかったからだ。

財政出動はあくまで時限的なものであり、経済効果も「一回限り」でしかない。経済の好循環を生むためには、財政出動で「つないで」いる間に、新たな消費や投資を引き出す必要がある。

だが、道路などのインフラが整備され工業団地などが供給されても、すでに日本経済は、民間の投資や消費を拡大させない構造になっている。

前章で説明した通り、国際社会における規格化×大量生産分野では、民間企業は人件費の安い新興国に投資した方が有利だと考え、人件費の高い日本国内に投資する意欲は低い。いくら公共インフラ投資を進めても、民間企業は「儲からない」と思えば投資しない。

また公共事業は、将来にわたっての雇用や賃金を保障しない。公共事業が終われば少なくともその場での財政支出も終わってしまうので、消費の大幅な拡大にもつながりにくい。新たな需要を生み出したり、潜在的需要を掘り起こしたりすることができない。

例えば、新たなバイパス道路を建設すれば、郊外型のショッピングモール建設などへの投資につながるかもしれない。だが、そこに客が集まったとしても、人口が減少する中では、既存の商店街の客を奪っただけに過ぎず、新たな需要が生まれたわけではない。

アベノミクスが明らかにしたのは、財政出動を繰り返しても、本格的な民間の消費や投資の拡大が生じることはなく、好循環につながらない現実だ。それが、バブル崩壊以降の日本経済における本質的問題点である。

アベノミクスは、環境整備をすれば投資は拡大するという「近代化モデル」を当然の前提としているがゆえに、前章で示した変化の本質に目を向けることができず、想定された経済の好循環につながらないのである。

## 金融緩和の限界

金融緩和にも同様のことが言える。

金融緩和は、金融機関から資金を借りやすくすることで投資や消費を促し、そこから経済の好循環をもたらそうとするものである。こうした施策は「投資や消費をしたい」という潜在的なニーズが存在することで初めて意味を持つ。ニーズがあるところに環境を整えるからこそ、投資や消費につながるのだ。

だが、どんなに低金利で多額の資金を得られるとしても、赤字になりそうな事業に投資する企業はない。個人についても、将来の安定的な収入増が期待されなければ、住宅購入などの意欲は生じない。潜在的な投資や消費の意欲が乏しい中では、金融緩和は、経済対策として期待される効果を生まずに、恩恵は株式投資などに集中する。その結果、「富める者がますます富む」という社会構造が固定化している。

そもそも経済は、通貨の量だけ増やせば拡大するものではない。通貨量と並んで重要なのは、通貨が使われるスピードだ。例えば、一兆円の資金が年に一回使われるのと、一〇〇億円の資金が年に一〇回使われるのとでは、経済効果はイコールとなる。

アベノミクスが極端な金融緩和によって通貨の量を増やしたことは、その限りにおいて正しい。しかし、通貨の量が増えたにもかかわらず、投資や消費の意欲が低ければ、それが使われずに内部に留保され、通貨流通のスピードが速くならない。

さらに消費者心理の問題がある。

後述するように、今の消費者は、モノの豊かさが拡大することよりも、将来の安心が重要だと考えている。自己責任が強調され、十分な社会保障のサービスが供給されていない状況では、消費者は少しばかり所得が増えたり、融資を受けやすくなったりしても、簡単には消費を増やさない。それどころか、一定程度の金融資産を持つ高齢者などは、低金利政策で利子所得が減ることから、かえって消費を抑制する。そうなっては全く逆効果である。

## ミクロ政策にとどまる規制緩和

規制緩和は、前述した財政出動や金融緩和に比べれば、中長期的で本質に近い政策であり、経済再生に一定程度寄与するとも考えられる。官による過剰な規制が、時として経済活動の阻害要因となってきたことは、一定程度事実だからである。経済合理性に反した規制を取り払うことで、民間の潜在的需要が掘り起こされたり、競争の強化によって生産性が向上したりすることは、一般論としてはあり得る。

だが、アベノミクスにおける規制緩和は、電力市場の自由化など曲がりなりにも効果を上げたことになっている分野もなくはないが、特定のミクロ分野にとどまっている。官による不合理な規制の多くは、「特定分野の特定の経済活動」を抑制する、そもそも極めてミクロなものだからだ。

この二〇～三〇年の間、規制緩和を進める政策が何度となく繰り返され、広範に影響を及ぼす分野の規制緩和は既に実行されてきた。残っているのは、大きな効果が見込めないか、大きな副作用を伴うとして、これまで注目されていなかった分野だけだ。こうした特定分野についての規制を取り払っても、その効果も限定的な範囲にとどまり、経済への大きな波及効果は生まれない。

## 3　「アベノミクス」が支持された背景

### アベノミクスに対する評価

金融緩和、財政出動そして規制緩和という「三本の矢」は、一時的で限定的な経済政策としては間違っていないが、本質的、抜本的な効果にはつながらなかった。潜在的な需要や投資意欲が不足しているからだ。

前章に示したとおり、「近代化」の行き詰まりによって、消費や投資の意欲は構造的に低迷、停滞している。にもかかわらず、短期的で限定的な効果を追い続け、本質的課題から目をそらしてきたのがアベノミクスの限界だった。コロナ禍によって「効率性に偏重した経済」の脆弱さが露呈したのも、短期的で限定的な効果を追い続けてきた必然の結果と言える。

「カンフル剤」としての経済政策を、全否定するつもりはない。だが、根本的な治療に取り組むことなく、目の前の痛みを取り除こうとするだけでは、経済の体力を奪い、病状を悪化させてしまう。この点において、アベノミクスは間違いだったと言わざるを得ない。

## 「見たくない現実」から目をそらすな

人口減少社会の到来も、急速なグローバル化も、私たちはもはや避けることができない。それらがもたらす社会の変化は、すでに「見たくない現実」として、否応なく私たちの目に入ってきている。

多くの国民が、「これまでの生活を守れないのではないか」という不安にさいなまれている中で、アベノミクスはその現実から目をそらさせ、「これまでの延長線上でうまくいくはずだ」という発想のもとに組み立てられた。

結果的に、それは経済政策として限界を露呈しただけでなく、格差を広げ、社会に分断と利己主義を広げてしまった。社会は支え合いの機能を失い、「自己責任」が過度に強調され、「お互いさま」の精神を失い「自分さえ良ければいい」という社会を作り上げてしまったのだ。

「見たくない現実」でも、それをしっかりと見つめ、受け止めなければ、対応策を見出して「夢や希望」に繋《つな》げることはできない。

残念ながらこれまでの政治は、こうした「見たくない現実」を正面から受け止めることを避け続けてきた。

バブル崩壊以降「失われた一〇年」と言われたものが、今や「失われた二〇年」を大きく超えているのに、政治は近代化システムの限界という「見たくない現実」に目を向けず、従来型の経済対策を繰り返してきた。東京五輪や大阪万博など「高度経済成長期の夢」を追う経済「活性化」には熱心な一方、現代の日本が抱える喫緊の課題に対しては、根拠なき楽観論にますます依存してきた。少子化は二〇年も三〇年も前から続いてきたのに、政治は根拠なき楽観論に基づいてこれを放置し、さらに深刻な状況を生んだ。

結果として経済は長期低迷を続けている。これでは、国民を守ることとは逆方向の流れを、政治がかえって加速させているようなものだ。

人間は過去の成功体験に拘泥しがちであり、それが通用しない「見たくない現実」から目をそらしがちだ。転換期だ、曲がり角だと言われ続けながら、具体的な内容があいまいなまま過ぎてきたのも、それが「見たくない現実」だったからにほかならない。

昨日の成功体験が通用しない時代状況を率直に訴えるのは、著しく難しい。特に政治は、ネガティブな方向に受け止められかねないメッセージを発信することに臆病だ。

しかし、私たちが今考えるべきことは、明治維新以来近代化を推し進めてきた、この一五〇年間に生み出した手法に拘泥することではない。人口減少と近代化の限界という「見たくない現実」に真正面から向き合い、その上で、その先の「夢と希望」を語ることだ。

私は、そのことを強く意識しながら、「その先の社会像」を描き、そして訴えている。

# 第6章　近代化の先にある社会の理念

ここまで述べてきたように、特にコロナ禍によって、人は自分の力だけでは生きていけないこと、そして、行き過ぎた自己責任論は通用しないことが明らかになっている（第3章）。他方で、近代化によって社会が右肩上がりで伸びていた時代と異なり、これまでの常識が通用しない先行きの見えない不安な社会になっている（第4章）。「見たくない現実」から逃げずに受け止めながら、その先の「夢と希望」を描かなければならない（第5章）。

菅義偉総理は就任以来「自助」の必要性を強調している。しかし、先行きの見えないこの時代に「自助」だけで十分なはずがない。先行きが不安な分、より一層「支え合って不安を小さくする」ことの重要性は増している。

## 1 「豊かさ」から「支え合い」「分かち合い」へ

### **国民が求めているのは「物質的豊かさ」なのか？**

戦後復興から高度成長の時代にかけて、ほとんどの日本人にとって、最も優先順位が高い希望は、「物質的に豊かになること」だった。食べるものも住むところも欠乏していた時代には当然のことだった。戦後復興が進むと、米国を中心とする圧倒的な豊かさを見せつけられた日本人は、一日も早くその豊かさに追いつき追い越すことを目指して懸命に働いた。

「物質的な豊かさ」を求めるのは、明治維新以来一五〇年の流れである。ペリーの黒船に象徴される近代文明に触れて以来、これに追いつき追い越すことが、近代日本の一貫した目標だった。途中、日中・日米戦争によって大きな挫折を経験したが、日本は戦前戦後を通じて、一貫してこの流れの中にあった。

　先輩世代の努力によって、近代日本は、昭和の終わりごろ一つの到達点に至った。欧米に追いつき追い越すという目標を達成し、一九八〇年代には「ジャパン・アズ・ナンバーワン」などという言葉も世の中にあふれた。その後、バブル崩壊で経済は長い低迷状態にあるが、それでも日本は今なお、住環境の悪さ（家の狭さ）を除けば、世界で最も豊かなグループに入っているのは間違いない。

　そんな日本社会で今、多くの国民が潜在的に求めているのは、果たして明治維新による「富国強兵」「殖産興業」の時代や、高度成長期のような物質的豊かさの拡大なのだろうか。

### 高齢社会の中で求められる「安心」

多くの高齢者が求めているのは、家に自動車やテレビなどの耐久消費財がさらに増えることでも、預金通帳の残高が増えることでもない。耐久消費財はそれなりに揃っているし、誰もが、あの世に預金通帳を持っていけないことを分かっている。

例えば、一流企業の社員として勤め上げ、ローンを完済した戸建て住宅と一定の預貯金を持ち、平均以上の厚生年金を受け取っている高齢者がいる。世間的には明らかに恵まれている。だが、万一自分や配偶者が、突然、重度の要介護状態になったらどうだろう。

何年続くかわからない医療と介護を、自分の蓄えや年金で賄えるのか、きっと不安になるだろう。こうした不安を抱かずに済むのは、自分の蓄えで、二四時間三六五日、一〇年単位の長期にわたって、介護などのサービスを「自己責任」で手に入れることのできる超富裕層に限られる。

高齢者が求めているのは、このような「最期まで現在の豊かさを享受できるのか」という不安に応えてもらうことではないのか。

将来の年金額や、将来受けられる医療や介護のサービス水準についての不安を解消したいのではないのか。たとえ一〇〇歳まで生きても、最期まで適切な医療や介護を受けることができて、子や孫に負担をかけることなく、今と同程度の生活水準を確保することが、大部分の高齢者の望みなのではないのか。

## 若者が求める「雇用・子育ての不安解消」

若い世代はどうだろうか。

バブル崩壊後に生まれ、その後の「失われた二〇年」の中で育ってきた世代は、現在二〇代半ばから三〇代。彼らは経済低迷期に育ったとはいえ、生まれた時から物質的な豊かさには、それなりに恵まれてきた。

一方で彼らは、高度経済成長期に生まれた私のような世代とは異なり、生まれてこの方、自分の周りが、「より豊かになる」という明確なプロセスを経験していない。むしろ彼らは、非正規雇用やワーキングプアに象徴される格差の拡大と、将来への不安に苛《さいな》まれている。

非正規労働者の数は全体の約四割に達し、特に若い世代の雇用環境の悪化は著しい。彼らは普通に学校を卒業しても、正社員になれないかもしれない。やむを得ず非正規で働く人たちの多くが、将来も安定して収入を得られるのかどうか、不安の中で暮らしている。

正社員になれたとしても、勤め先がブラック企業かもしれない。著名な一流企業に入れても、倒産したり、大規模なリストラが行われたりするかもしれない。一度仕事を失うと再び正社員になるのはかなり難しく、潜在的な不安は大きい。

こうした不安は、コロナ禍によってさらに顕在化している。

子育ての不安も深刻だ。

ひとり親世帯の場合、親が働いていても低賃金のケースが多い。子どもを保育所に入れなければ十分に働けず、その収入すら得られなくなるから、保育所不足は死活問題である。夫婦とも正社員で、ともに平均以上の収入を得ている場合でも、子どもを保育所に入れなければ、夫婦のどちらか一方が、少なくとも一定期間は収入を得られなくなる恐れがあるし、キャリアロスなどの問題も避けられない。

結果的に、子どもを持つことを希望しているのに、それを諦めることの一因になっている。

都市化と核家族化によって孤立化と社会の分断が進み、信頼できる相談先を作るのも難しい。その結果、彼らは、子育てや教育、将来の雇用の安定など、さまざまな問題を自分一人で抱え込み、苦しんでいる。

物の豊かさはあふれているが、「より豊かになる」という実感を持たずに育ち、将来への不安に苛まれている。こうした世代が求めているのは、実感のない豊かさの拡大よりも、雇用や子育てに関する不安の解消や、それらを通じた将来の安心ではないのか。

## 豊かさは「目的」から「手段」へ

多くの国民が閉塞感を感じている原因は、老後の年金や介護に対する不安や、子育てサポートの不足に対する不満、安定した職に就けないという苛立《いらだ》ちである。一見、これらの問題の外にいると思われている国民の間にも、「将来自分がその状況に陥るのではないか」という不安が、潜在的に広まっている。

だから私は、「目標を変えよう」と提案する。

「より物質的に豊かになる」というこれまでの目標に代わり、これからは、「より安心できる」ことを目指していく。そのための「支え合い、分かち合う」処方箋の提示を、政治は求められているのだ。

「物質的な豊かさ」の大切さを否定しようというのではない。安心できる社会を作るためには、年金制度を維持し、医療や介護を充実させ、子育てサポートも充実させなければならない。そのためには財源が必要だ。経済を良くしなければ、雇用も維持できない。
だがそれは、明治維新から高度成長までの近代化プロセスで実現してきた、「より豊かになる」こととは、本質的に異なる。

私たちに必要なものは、お金などの「物質的な豊かさ」それ自体ではない。その「豊かさ」を通じて、安心感や便利で快適なサービス、安定した仕事や生きがいを手にしたいのだ。

若い世代には、非営利活動による社会貢献を目指す人や、高いレベルでの自己実現を目指して世界にチャレンジするスポーツ選手や芸術家など、「物質的に豊かになること」以外の夢や目標を掲げて努力している人たちが、着実に増えてきていると感じる。

しかし現実には、学校を卒業して企業に勤め「より物質的に豊かになる」ことを目指すという、近代化のプロセスで形作られたシステムに、圧倒的多数の人が組み込まれてしまう。より豊かになるどころか、一歩間違えるとブラック企業で身も心もボロボロにされたり、格差拡大の中で貧困に陥ったりする。

私たちが求める「物質的な豊かさ」は、こうした問題を解決し、安心を得るための「手段」だ。豊かさそれ自体を「目的」としてきた時代は終わったのである。

## 求められる「支え合い」と「分かち合い」

現代社会は、交通、通信の両面で物理的距離が克服され、日本が狭くなっている。別の言い方をすれば、それぞれの暮らす「社会」が日本全体と一体化するほど広くなっている。他方で、かつて「支え合い」を担ってきた家族や地域社会の機能は、都市化と核家族化などによって大幅に弱まっている。

日本全体という大きな「社会」で支え合うことが必要であり、そのためには、政治と行政が機能しなければならない。

これまでの常識が通用しない社会では、多くの人が自分たちの暮らしの先行きにリスクを感じている。リスクが顕在化した場合の負担やコストについても、過大なものになるのではないかという、大きな不安を感じている。

こうしたリスクや負担を「分かち合い」、最終的に平準化するのは、本来、政治と行政に課せられた役割である。

答えははっきりしている。これからの社会に求められているのは、政治と行政が、日本という「社会」の単位で互いに「支え合い、分かち合う」ための機能を果たすこと。それによって「リスク」と「コスト」を平準化し、自助だけでは逃れられない「不安」を小さくすることだ。

過度な自己責任社会から「支え合い、分かち合う」社会に転換することこそ、私の訴える、ポストコロナ社会の理念であり、そして「近代化」の先にある社会の理念である。

## 2 「支え合い」の意味するもの

### 「弱者」保護の限界

さて、「支え合い、分かち合う社会」と言うと、しばしば勘違いされることがある。それは即《すなわ》ち「弱者」保護を強調する社会なのではないか、ということだ。

ここで明確にしておきたい。「支え合い」と「弱者保護」は似て非なるものである。

近代化によって人口が急増し、経済が急激に拡大成長していた時代には、多くの国民が、程度の差はあっても次第に豊かになっていった。社会や政治・行政は「大部分の国民が豊かになっている」という前提のもと、さまざまな事情でその豊かさを享受できていないごく一部の国民を「弱者」として区別し、保護しようとしてきた。

社会全体が豊かになっていく時代は、大部分の国民は豊かさを享受しているため精神的な余裕があり、一部の「弱者」を保護することにも寛容になり得た。

転換期の日本が置かれている状況は、これとは全く異なる。大多数の国民が豊かさの拡大を享受する時代は去った。今は全く逆に、大多数の国民が「これまでの豊かさを維持できないかもしれない」という不安を抱いている。特に、病気になったり、介護が必要になったりしたときの不安は、ほぼ全国民に共通している。

こうした経済、社会の状況で、政治が一部の「弱者」だけを保護する施策を進めたらどうなるだろうか。

大多数の国民が不安を抱え、自分の生活で手いっぱいで「弱者を救おう」という余裕を持てない。政治が一部の「弱者」だけを保護すれば、多くの国民に不満がたまってしまう。自分も老後の不安を感じているのに、子育て支援を必要としているのに、なぜ公的支援の対象に含まれないのか。こうした不満が政治だけに向かうならまだいいが、それが、「あの人だけがどうして助けてもらえるのか」という反発につながり、やがて「弱者」に対するいわれなきバッシングを生んでしまいかねない。

それは避けなければならないが、「生活保護バッシング」のように、残念ながら各所で顕在化している。

## 普遍的な「支え合い」を

このような事態を生まないためには、「弱者」を特定し、そこだけを保護するというやり方では無理がある。「弱者」を含む大部分の国民が普遍的に抱いている不安を、全体として小さくするべきだ。

新型コロナウイルスでは、運悪く感染してしまった人が、真面目にこつこつやってきた仕事を続けられなくなるケースもあった。それは誰のせいでもない。「自己責任」で片付けることはできない。

「自己責任」で片付けられないのはコロナだけではない。病気になったり、介護が必要になったり、子育てのサポートが必要になったりすることは、何も特別な「弱者」でなくても、誰の人生にも起こりうる。それでも普通に暮らしていける社会にしていなければ、次はあなたがそのリスクとコストを負担することになるかもしれない。

しっかりとリスクとコストを分かち合い、誰が病気になったり、失業して貧困に陥ったりしても、「お互いさまに支え合う」政治や行政を取り戻していく。

「支え合い」にあたっては、収入や資産の要件を問うことで「弱者」を探し出すようなことをすべきではない。判断基準はあくまで「そのサポートが必要かどうか」である。「弱者だから」ではなく、「必要だから」サポートする、と発想を改める。

障がいや難病を抱えている方は、他の人に比べて受けるサポートが多く見えるかもしれない。だがそれは、「弱者だから」ではない。障がいや病気によって、サポートが必要な部分が「たまたま」多いからなのだ。いつか自分が同じように障がいを持ったり病気になったりすれば同様のサポートを受けられる。その安心感があるから、他者をサポートすることに寛容でいられる。そんな社会が求められているのだ。

第2章で触れたように、民主党政権で進めようとした所得制限のない子ども手当は、このような「普遍主義」の理念に基づいていた。

## 「情けは人の為ならず」

「支え合いの社会」を説明する時、私はしばしば「情けは人の為ならず」ということわざを引き合いに出している。

このことわざは、誤用が広がっている日本語の代表例としてしばしば取り上げられる。

多くの人が、「人に親切にしても、その人の為にならないから、親切にしない方が良い」という間違った使い方で理解している。古語と現代語の違いが誤用を生じた原因だが、同時に、現代社会の風潮が、誤用を広げる背景に横たわっているように思う。地域社会や家族、企業共同体などの「支え合い」「助け合い」の機能が弱まる中で、自分は十分な支えを受けずに自力で頑張っているのに、「弱者」だけが支援を受けるのは納得できないという思いが強まり、誤用を正当化したくなる風潮が生まれているのではないか。

言うまでもないが、このことわざの正しい意味は「人に親切にすると、巡りめぐって自分にも恩恵があるのだから、親切にしよう」というものだ。

例えば、年金や介護などの制度で利益を受けるのは、高齢者だけではない。親や祖父母に対する扶養、介護などの負担を軽減される現役世代にも、大きな恩恵がある。だから、年金や介護の政策を、高齢者のための政策と矮小《わいしょう》化すべきでない。ましてや、高齢者が「気の毒だから」充実させようとするのではない。

老後を支える制度が崩壊したら、子や孫が、自力で自分の親や祖父母を全面的に扶養することになる。介護離職を余儀なくされ、生活が成り立たなくなるケースが急速に増大する。年金や介護などで高齢者に対する社会全体での支え合いを強化すれば、自分の親や祖父母に対する現役世代の個別の負担が小さくなる。こういう本質を共有することが大切だ。

子育て支援も同様である。実は子育て支援策は、世代によっては必ずしも評判が良くない。子育てを終えた世代からは、反対の声が少なからず寄せられる。自分が子育てをした時代は自分の力だけで頑張った。保育所などには頼らなかったし、児童手当も少額だったがそれでもやりくりしてきた、というわけだ。

結婚をしない選択や、子どもを持たないという選択をした人たちの中にも、批判的な意見を持つ人がいる。特に、子どもを持つことを希望しながら、さまざまな事情で産み育てることができなかった方の複雑な心情は、重く受け止めなければならない。

だが、安心して子どもを産み育てることができるように社会全体で支えれば、出生率の低下を食い止めることができ、子どもたちが将来の消費や税金などの担い手となる。子どものいない人や、子どもを持たない選択をした人たちにも、結果として大きな恩恵がある。

もちろん、子どもを持つかどうかは、あくまでそれぞれの選択だ。決して政治が介入すべきことではない。ましてや、経済のために子どもが生まれてくる訳ではない。このことは強調しておかなければならない。

しかし、経済的な理由などで、多くの人たちが子どもを持つことを諦めている現実は間違いなくある。そうした方々を、「気の毒だから支援する」のではなく、子育てや教育は、当事者になれば誰にとっても、自力で対応するのが困難で不安が大きく、「支え合い」が必要だから支援するのだ。他方で、その支援をすることで、当事者以外にも恩恵がある。それはまさに、「情けは人の為ならず」ではないか。

社会は、分かち合い、支え合うなかで成り立っている。誰も一人では生きていけないし、一生を通じて、「自己責任」だけで生きていける人など誰もいない。「自己責任」を強調する社会では、いざ自分が困った時に支えを受けられない状況に陥る。私たちは新型コロナウイルス感染症によって、そのことをいやというほど突きつけられた。

今こそ「お互いさまに支え合う」仕組みを強化し、それによって弱者だけでなく「誰もが安心できる」社会を再構築しなければならない。

「情けは人の為ならず」ということわざの正しい意味を、実感できる社会への転換を図るのだ。

## 「安心」を生む社会構造

支え合いによって「安心できる社会」を作る上で改めて強調しておきたいのは、これを、「物質的な豊かさ」のみで解決することは難しい、ということだ。単に財源を確保したり、国民に現金を給付したりするだけでは、社会が抱える不安を解消することはできない。

老後の安心を高め、子育てや介護に関する負担を軽減し、貧困に陥る不安を小さくする。そこで求められているのは、医療、介護、保育、教育などの公的サービスそのものであり、こうしたサービスに、いつでも、どこでも、誰でもアクセスできる社会構造である。具体的には主に次の章で示すが、ここで言う社会構造とは、日本が明治維新以来一五〇年間、物質的に豊かになるための近代化プロセスにおいて失ってきた、この国の伝統的な社会構造だ。

近代化の加速によって核家族化や都市化が進み、家族共同体や村落共同体などにおける支え合いや助け合いといった日本社会伝統の構造が崩れてきた。その結果、子育てや介護などの負担が、個人に直接重くのしかかっている。格差の拡大防止や格差是正の機能が弱まったために、家族をつくり、子育てをするという意欲すら持てない所得の低い方々が生まれている。

こうした構造を転換することでこそ、国民の間に拡大している不安に応えることが可能になる。既に壊れてしまった構造を人為的に取り戻すことは、公の力、つまり政治にしかできない。特に「分かち合い」の機能が壊れ、格差が拡大した社会では、一人ひとりの自助努力に委ねることは不可能だ。

「お互いさまに支え合う」社会構造を取り戻すことが、「目指すべき社会像」であり、そのために政治が最大限の役割を果たすというのが、私たちの理念である。

## 古い時代には戻れない

これは、水田稲作を基盤とする家族共同体や村落共同体を、かつてと同じような形で復活させようというのではない。

かつての家族共同体や村落共同体には、例えば女性の社会的地位が低く抑えられるなど、封建的・前近代的な負の部分が内在していた。近代における共同体の崩壊や弱体化は、こうした負の部分を解消の方向に向かわせる、というプラスの側面があった。例えば、戦後、男女平等などについて、少なくとも建前としては前提となった社会が、七〇年余り続いてきた。まだまだ遅れている状況を前進させることがあっても、後退させることは許されない。

自民党の一部などには、かつてのような前近代的家族共同体を取り戻し、子育てや介護の責任を家族に押しつけ、社会全体の負荷を小さくしようとする動きがある。しかし、現在の日本社会では、多くの場合、子育てや介護などの負担が、女性にばかり押し付けられている。父親の育休取得がなかなか進まないことなどが象徴的だ。そんな中で、子育てや介護を家族の責任に戻そうとすれば、女性がますます過重な負担を強いられる。

人口減少を補うために「女性の社会参加」の旗を振っておきながら、このような現状がある中で、その女性に子育てや介護の負担まで押しつけるなら、女性の負担は増える一方になり、結果として非婚や少子化がさらに進むだろう。もはや家族の負担だけで子育てや介護を担えるはずがないのだ。

地域の支え合いについては、一定の期待をしている。支え合いや助け合いは、個別の具体的な事情に応じた臨機応変の対応が求められるため、行政だけでは対応しきれない場面が多い。より身近なコミュニティーが機能することが望ましい。

とはいえ、都市化によって地域コミュニティーが成立しにくい場所では、支え合いのために新たに自然発生的なコミュニティーが構築されることを期待するのは難しい。他方、地域コミュニティーが残っている地方などでは、過疎化と高齢化が進み、コミュニティーそのものが崩壊しかかっている。支え合いたくてもできない状況が生まれつつあるのだ。

地域コミュニティーを成り立たせるためには、政治と行政が適切なサポートをすることが欠かせない。

だからこそ、私が訴えるのは、かつてのように機能しなくなった家庭や地域の共同体に代わり、社会全体の支え合いのシステムを、政治と行政が担うことなのである。

# 第7章　「支え合い」の社会における経済

ここまで述べてきたような、「支え合い、分かち合う」方向性は、経済成長の視点とは相反するものと受け止められてきた。経済成長にはマイナスだが、政治として「やらざるを得ないこと」という感覚である。

それは、財政政策や金融政策こそが経済政策だとの固定観念に縛られているためだ。しかし、これまでの財政・金融政策は限界を迎えている。「近代化の先にある社会」では、経済政策について、根本的な発想の転換が必要である。

当然ながら私も、経済がどうでも良いと考えているわけではない。「支え合い、分かち合う」ことで安心を高めるための「手段」としての豊かさは必要である。

しかし、「その先の社会」で最も求められている経済政策は、これまでマイナスと思われていた「支え合いと分かち合い」の仕組みを強化することそれ自体であり、そのことこそが経済を着実に成長させることにつながる。

ここでは、「支え合い」の中身を少し具体的に示していくことになる。それは従来、社会保障とか社会福祉という分類をされてきたものが多い。しかし、時代状況が変化したことによって、それは、必要としている個々人を「支える」と同時に、社会を活性化させ経済を成長させるために不可欠な政策という意味をも持っている。

そのことを少しでも理解してもらいたいので、経済という切り口から説明していく。繰り返し強調しておく。「支え合い」こそが、これからの最大の経済対策である。

## 1 内需拡大こそが経済政策の柱

### 消費拡大のための新しいアプローチ

第5章で示した通り、経済の中長期的な低迷の主要因が輸出ではないことは、統計からも明確だ。今後も、国際競争力を維持、強化する必要性は高いが、この点は次章で述べたい。

日本経済において、圧倒的に影響力が大きく、実際に経済低迷の大きな要因となっているのは、国内消費である。消費を中心とする内需を成長させることができなければ、中長期的な経済の低迷から脱却することはできない。

明治以来の「近代化」路線を加速する新自由主義的なアベノミクスは、低賃金で不安定雇用の労働者を増やし、貧困や格差を拡大させてきた。その結果、決して国全体が貧しくなったわけではないのに、豊かさが国民一人ひとりに行き渡らなくなり、多くの国民が豊かさを実感できなくなった。それが消費を冷え込ませ、経済を低迷させている。

すでに多くの家庭に一定の「モノ」が行き渡っていることや、人口減少や高齢化によって、高度経済成長期のように消費を拡大させることは、構造的に困難になっている。

こういう状況下で消費を増やし内需を拡大させるためには、これまでとは異なった新しいアプローチが必要だ。

## 低所得者層を下支えして消費拡大

何よりも強く指摘したいのは、所得と消費性向の関係である。高齢化と人口減少によって消費が低迷しがちな構造の中で、消費を伸ばすためには、消費は何に連動して増減するのかという本質を見極めなければならない。

消費性向とは、可処分所得の中で消費に回る比率をいう。

消費性向は、一般に所得が少ないほど高く、所得が増えるほど下がっていく。例えば、二〇一二年の勤労者世帯でみると、年収三五二万円未満の世帯では消費性向が八割を超えているのに対し、八二八万円以上の世帯では六割台にとどまる。所得の低い人は手持ちのお金が増えればすぐに消費に回さざるを得ず、所得が増えるほど、余力を貯蓄などに回すことが可能になるからだ。

先に、「金融緩和で市中に回る通貨の量を増やしても、使われるスピードが遅ければ経済成長につながらない」と指摘した。低所得者層の所得が底上げされれば、すぐに消費にまわり、通貨が出回るスピードは上がって経済成長につながる。逆に、富裕層をさらに豊かにしても消費にはつながりにくく、相対的に経済成長に与える効果は小さい。したがって、格差が拡大して中間層が減少し、貧困に陥る人が増えれば消費を減少させる。

このことは、経済分析の基本とも言えることだが、なぜか日本では無視されている。小泉政権以降の自民党が目指してきた新自由主義的な方向性からは、都合が悪いためだろう。だが、格差拡大が消費を冷え込ませ、経済にマイナスになっていることは、しっかりと認識しなければならない。

所得の低い人を下支えして所得を押し上げることは、低迷する国内消費を拡大させ、景気を回復させるための必要条件といえる。

だから私は、政府による再分配機能を高め、非正規を正規に転換するなどして雇用の安定を図り、分厚い中間層を取り戻すことを目指す。

所得の再分配を強化することは、これまでの常識では「経済成長に逆行する」と思われてきた政策だ。しかし、私は、「支え合う」社会に向けた基盤となる考え方として、そして、何よりも消費を増やすために不可欠な経済対策として、再分配強化を進めていく。

## 2　賃金の底上げと雇用の安定

### 段階的に進める人件費の引き上げ

経済を活性化するために格差の拡大を防ぎ、その是正を図る。

そのために必要なことは、まず賃金引き下げ競争に終止符を打つことである。

前述したように、グローバル化と新興国の追い上げの中で、個々の企業が競争に勝つためには、人件費の削減によるコストの引き下げに走らざるを得ない。これらのことは、個別企業の経済合理性を考えれば当然のことだが、日本全体のことを考えれば、社会的にも経済的にも決して望ましいことではない。

まず社会的な問題は、企業による人件費引き下げ競争の結果、賃金が減り、特に若い世代は経済的に自立できなくなっているということだ。希望しても、結婚したり子どもを持ったりすることのできない若者が増えている。それが社会の閉塞感を招くとともに、少子化の大きな原因の一つとなっている。

また、経済的な問題は、多くの国民の可処分所得が減少するか、せいぜい現状維持となり、ただでさえ人口減少で消費が伸びない中、ますますモノが売れない状況を生んでいるということだ。そしてその結果、企業はますます価格を引き下げようとして、さらなる人件費抑制に走る。まさに悪循環である。

個別企業の立場に立てば、コスト引き下げ競争には経済合理性があるのだから、個々の企業が自らこうした状況を改善し、賃金引き上げに転換するという選択はできない。特に、国際競争にさらされている輸出企業が賃金を引き上げるためには、後述するように高価格でも売れるための戦略が必要であり、簡単なことではない。

したがって、ポイントとなるのは、国内での売り上げを伸ばすことで、賃金を引き上げる余地の出てくる内需関連産業である。

政治が財界や企業の幹部に賃上げをたびたび要請しても、パフォーマンス以上の意味は持たない。そもそも日本は社会主義国ではない。民間企業の経営に直接介入するのではなく、政治がさまざまな施策を動員することで、企業が自発的に人件費引き下げ競争を止める方向に誘導し、悪循環を逆回転させる必要がある。

もっともこれを現実に推進するには大きな困難を伴う。購買力を高めるには賃金の引き上げが必要であり、賃金引き上げには売り上げの増加、つまり消費者の購買力が高まることが前提となる。典型的な鶏と卵の関係だ。仮に強引に人件費を引き上げても、それに見合うだけの売り上げがすぐに伸びるわけではないから、無理に進めれば、倒産や廃業を余儀なくされる企業が出てくる。慎重かつ段階的に進めなければならない。

そもそも資本主義経済を前提とする政府は、民間企業の人件費を引き上げさせるための直接的な政策手段を、必ずしも十分には持ち合わせていない。

## 公的サービスと労働法制

そこで、まずは、公的サービスに従事する比較的低賃金の皆さんの賃金を引き上げていく。

「支え合い」のために求められるサービスの多くが、重労働なのに低賃金、不安定雇用も多く、結果的に人手不足が慢性化している。看護師や保育士、介護職員、学童保育の指導員、さらには非正規が圧倒的に多いハローワークの職員や消費生活相談員、人手不足によって救うべき国民を救えない状況に追い込まれている児童相談所や労働基準監督署の職員などの賃金を底上げし、正規雇用を原則とする。最近は、自治体職員や教員まで無理に非正規化しているが、恒常的業務についているなら正規化する。そのためには、公的な財政支出を増やす必要があるが、最優先で財源を振り向けていく。

別に「公務員」を増やせと言っているのではない。看護師や保育士の多くは「公務員」ではないが、「公」のサービスを提供している。そして、支払われる賃金は診療報酬や税財源である。こうした方々の賃金や待遇を改善するのか、後退させるのかは、政治の判断にかかっている。

その上で、純粋な民間については、最低賃金制度や労働者派遣法など労働法制の整備や、労働運動への間接的な支援といった、経済全体のハンドリングの中で、誘導するのが基本だ。

特に重要なのは、労働法制の整備による正規雇用の復活である。緩和し続けてきた派遣労働の対象を、段階的に絞り込む。

既に日本では、非正規雇用の割合が、被用者全体の四割に達している。前述したように、非正規雇用の増加は、社会の安定や継続性、国内消費など、さまざまな点で、経済に決定的なマイナスだ。

労働法制を強化して「正規雇用が原則」という社会を再構築することで、中長期的な経済の安定と発展を図っていく。

これらの政策も、特に中小企業・小規模事業者にとっては負担増を伴うことから、倒産や廃業につながりかねない。まずは公的分野の雇用を先行させた上で、大企業を先行させたり、中小企業・小規模事業者には補助金を付けたりして、慎重かつ段階的に進めていく。

## 安定的雇用と労働生産性

このことには、もう一つ、本質的な効果が伴う。

労働人口が急減する時代に、経済を維持し、少しでも成長させようとすれば、一人当たりの生産性を向上させるしかない。具体的に生産性を高めるのは、職場において習い、身に付け、向上させるノウハウや技術である。こうした、いわゆる「オン・ザ・ジョブ・トレーニング」が、日本の生産性向上を支えてきた。

日本社会では、職場において先輩から後輩へと、仕事のやり方や技術などが引き継がれてきた。教える先輩も、教わる後輩も、終身雇用を前提とした職場への強い愛着が背景となって、その意欲と効果を最大化させてきた。

ところが、安価で便利で不安定な雇用を拡大したことで、その効果は大きく損なわれてきた。どうせ長くは勤められない職場に愛着を持ち、仕事のやり方を身に付け、技術を習得し、それらを向上させようという意欲や機会を持つことは難しい。教える側も、どうせそのうちいなくなる人に、自らノウハウや技術を引き継ごうとする意欲を持てない。

ロスト・ジェネレーションと呼ばれ、社会に出てからほぼ一貫して不安定雇用を転々とせざるを得なかった人が多くいる世代が、五〇代に近づいている。こうした皆さんが、社会人経験の長さに比して、技術や技能を高める機会に恵まれてこなかったことが、社会問題となっている。

支え合いと助け合いの歴史を背景に作られた、終身雇用制と年功序列型賃金というシステムは、このところマイナス面ばかりが語られ続けてきた。確かに、安定的雇用システムが硬直的すぎると、社会と経済の発展を阻害することにつながることは否定しない。

しかし、人材以外にこれといった資源のない日本では、一人ひとりの人材力を高めることは欠かせない。そのために効果的なシステムだった「オン・ザ・ジョブ・トレーニング」と、それを支える安定的雇用を回復させること、そのために労働法制を強化すること。

私が目指すこれらの政策は、短期的にはマイナスに見えても、持続的な社会と経済の発展のために不可欠な施策だと考える。

## 「生産性」の意味

ここで、念のために「生産性」を向上させるということの意味を確認しておきたい。単純化すると、生産性向上には二つの方向がある。一つは、「同じ富を少ない労力で生み出すこと」であり、もう一つは、「同じ労力でより大きな富を生み出すこと」である。この二つは、物事をどの視点で見るのかという違いであり、本質的な違いはない。例えば、五人で行っていた仕事を、機械化やＡＩの活用などによって一人でできるようにすることは、生み出す富からみると前者であり、一人の労力という視点からは後者になる。

しかし、本質とは異なった意味で、生産性向上という言葉が、ある意味で「悪用」されている。単なる「人件費のカット」は、本質的な意味での「生産性向上」とは似て非なるものであることを強調しておきたい。

働く人、一人ひとりが豊かになるための「生産性向上」とするには、「同じ労力でより大きな富を生み出すこと」という側面から受け止める必要がある。また、そうでなければ、人件費コストの安い新興国との競争に、日本経済が生き残っていくことはできない。

## 3 「安心」と再分配による消費の拡大

### 老後の「安心」が消費拡大を生む

消費拡大の観点から、次に指摘しなければならないことは、老後の安心を高めることだ。購買力のある高齢者層の需要に応え、これを掘り起こすことによって、経済活性化につなげるのだ。

戦後復興や高度成長を支えてきた現代の高齢者は、正規雇用の下で長年にわたって保険料を納め、それなりの額の厚生年金や共済年金を受け取っている方が少なくない。老後に備えて一定の預貯金がある人もいる。一九〇〇兆円を超える家計金融資産の約三分の二が、六〇歳以上の年齢層によって保有されている。将来に不安を感じてはいるが、世代間で比較すれば、相対的には豊かな人が少なくない。

こういう人たちが積極的に消費すれば、お金が回るスピードが速くなり、経済は成長するはずだ。だが、豊かなはずの高齢者は、老後のための預貯金を、老後になっても使わない。最大の原因は、先に述べたように介護や医療など将来の不安が大きいことにある。

自分があと何年長生きしても、その時点で受け取る年金と一定の預貯金があれば、日常の生活も十分にでき、きちんとした医療や介護サービスを受けられ、まっとうな暮らしを営むことができる。こうした安心感が得られれば、高齢者も「老後のため」の蓄えを消費に回す余地が生まれる。

このために、必要な時に必要な医療や介護のサービスを受けられるよう、その供給量と質を確保する。「窓口負担（サービスを受けるときに支払う自己負担分）」は、大きな蓄えがなくてもサービスを受けることができる範囲に調整する。これまでの政府は、財源確保のために窓口負担を引き上げる方向性が強かったが、支払い能力のある高齢者に負担をお願いするなら、「イザというとき」の窓口負担ではなく、所得税や保険料を対象にする。

医療・介護の量と質を確保するために、その現場で働く人の賃金を底上げし、安定的な雇用の場としていく。このことは、前述したように、所得再分配政策としても優先度と効果が高い。消費の拡大にもつながる。

一〇〇歳のお年寄りが「老後のために貯金する」といった笑えない笑い話のような高齢者の不安を取り除き、安心してお金を使えるようにすれば、「老後のため」の蓄えが消費に回る余地が出て、経済成長に資することになる。

## 自己責任論と少子高齢社会の経済

「自己責任」を強調する新自由主義的な方向からは、老後の問題も「高齢者の自己責任」だとして、年金や公的介護サービスなどが不十分な場合でも「自分で何とかせよ」という論調が聞かれる。また、家族の役割を重視する方向からは、老後の問題を家族の問題に引き戻し「介護は家庭内で何とかせよ」という声もある。これらは、脱工業化・サービス産業化など産業構造の変化や核家族化、長寿化などといった構造的な変化を無視した、無謀な自己責任論である。

そもそも、老後の問題を「自己責任」で対応することは、著しく難しい。なぜなら、自分が何歳まで生きるかを、明確に予測することは不可能に近いからである。

例えば、七五歳まで生きることが分かっていれば、退職後一〇年分余りの自己資金を用意し、取り崩していくという方法で「自己責任」を果たせる余地があるかもしれない。しかし、七〇歳で亡くなるのか、九五歳まで生きるのか分からないのだから、何年分の資金を用意し、何年で取り崩せば良いのか、誰も計算できない。

「自己責任」になれば、みんなが一〇〇歳まで生きても大丈夫なように、できるだけ貯蓄を持とうと考え、使い切れないお金が、市中に回らずため込まれることになる。老後の不安は、間違いなく消費を冷え込ませている主要因の一つである。そんなところで「自己責任」を強調し「自己資金で老後を」という世の中にしたら、高齢者どころか、老後が視野に入ってきた中年以上の財布のひもがさらに固く締められて、ますます消費が冷え込む。

老後の不安を取り除くことで、高齢者が安心してお金を使える環境を用意することは、経済成長には死活的に重要だ。

ちなみに、六〇歳以上の高齢者が保有する金融資産の総額を、仮に一〇〇〇兆円と見て、それを老後三〇年間で取り崩し、かつ半額を預貯金として残すと仮定すると、年あたり一六兆円を超える消費につながる。これだけでＧＤＰを三％以上拡大させる計算だ。

## 潜在的需要を掘り起こす

老後の安心だけではない。子育てや教育への支援も、社会保障的政策であると同時に、最も効果的な経済対策である。子育て支援によって、希望する人が安心して子どもを産み育てることができる社会になれば、人口減少に歯止めがかかる。それはつまり、消費者の減少に歯止めがかかるということだからだ。

前述のように、所得再分配の見地から、保育士や学童保育指導員など子育て支援サービスに従事する方々の賃金を底上げし、質量ともに充実させる。このことは、利用者にとって必要なサービスの量と質を確保することにつながる。

人口減少が緩和し、消費者の減少に歯止めがかかることは、中長期的な内需にプラスになるが、短期的にも効果が大きい。出生数の増加は経済への波及効果が大きいからだ。

「子育てにはお金がかかる」と嘆く声がよく聞かれるが、裏を返せば、子育てにかかる費用は積極的に支出されるということだ。ミルク、離乳食、おむつなどに加え、成長に応じて衣服も次々に必要になる。子育てや教育への支出は世帯による差が大きいが、「子どものためには最大限の支出をしたい」という親の思いは、一般的には所得にかかわらず強い。

経済のために子どもが生まれてくるわけではない、ということは、繰り返して確認しておきたい。だが、子どもの数が増えることは、結果的に、短期的にも中長期的にも消費の拡大につながる。経済対策としての意味を持つのだ。

このように、子育てや老後の安心を高めることは、消費者の財布のひもを緩めることにつながり、消費拡大の要因となる。そのことによって、民間による介護や子育てのニーズに合ったサービスが提供されるようになれば、さらなる潜在的な需要の掘り起こしにつながる。

加えて、子育てや老後にかかわる仕事が増えれば、国内における安定的雇用の場が拡大する。こうした分野の人手不足を解消するには、賃金水準を押し上げる必要があるが、これは格差の拡大防止や是正につながり、消費の拡大にプラスに働く。

格差の拡大を防ぎ、支え合いの精神で暮らしの安心を高めるための政策こそ、今の時代の最大の経済政策なのである。

## 4　未来を支え合うための投資

### 生産性向上と未来への投資

子育て支援ともつながる話だが、日本の社会と経済にとって重要な支え合いの一つが「教育環境の充実」だ。子どもや保護者、教育現場などを公的に支援して「支え合う」ことは、一人ひとりの子どもたちにとって重要であることはもちろんのことながら、社会の活力を維持し安定させるための、世代を超えた「支え合い」でもある。

日本が近代化の優等生になれたのは、明治維新の時点ですでに高い識字率を誇っていたと言われていることが象徴するように、社会性や基礎学力など、一定の教育を受けることが可能な人々が、同時代の他国と比較して多かったからとされている。欧米の近代化文明を短期間で導入できたことの背景には、寺子屋などによる江戸期までの武士などの支配階層以外での、教育の充実があった。

明治維新の後に、一部のエリート層が欧米から学び日本語に翻訳した先進文明を、短期間で日本の津々浦々まで行き渡らせることができたのは、すでにこうした一定の基盤ができていたからである。教育における支え合いの再構築で、この意味での教育の基盤を取り戻すことは、あらゆる対策に優先する経済政策と言える。

人口が減少し、労働対価の安い新興国の追い上げが続く中で、日本経済を成長させるためには、一人当たりの生産性を向上させるほかない。教育の底上げこそが、中期的な生産性向上のために不可欠である。

繰り返すが、こうした施策は、単に当事者である若者を「弱者」に見立てて「救済」する施策ではない。中長期的に経済を発展させ、社会全体を維持、活性化させる源泉である。

人口減少による労働力不足が深刻化しつつあるなかで、ただでさえ減っている若者の中に、経済的理由で十分な教育を受けられず、本来の能力を発揮できない人が増えてしまっては、一人当たりの生産性を向上させることは期待できない。日本に生まれた数少ない子どもが、生産性向上の前提となる最低限の社会常識と学力を身に付け、社会で活躍することが、限られた生産人口で経済を維持発展させる前提なのである。

意欲と能力のある若者が、経済的理由で進学を断念してしまえば、将来のノーベル賞受賞者や第二のビル・ゲイツの芽を摘むことになるかもしれない。支え合いと助け合いの仕組みですべての若者に同じスタートラインを用意することが、「国家百年の計」としての教育政策である。

## 公教育の立て直し

教育政策でも、最初に取り組まなければならないのは、サービス供給の量と質を確保することである。

ここまで、介護や保育については「なるほど」と思っていただいた方にも、さすがに公教育の「量」は足りているのではないか、と感じている方が少なくないかもしれない。

しかし、産休や育休の代替を除いた「常勤者と同様に働いている」非正規雇用の教員が、公立の小中学校で一割程度存在している。常勤者についても、長時間労働が常態化し、勤務時間の把握・管理という当たり前のことがなされていないケースが指摘され、二〇一九年に教職員給与特別措置法（給特法）の改正が議論された際に、是正が求められた。そもそも給特法は、給与月額の四％を教職調整額として支給する一方で、時間外勤務手当は支給しない仕組みになっており、「定額働かせ放題」の状況が長年続いてきた。

公立の小中学校を取り巻く環境は、この半世紀ほど急激に変化し続けている。教員の仕事は、「授業時間に教科を教える」ことや、これに直接付随する準備や採点作業だけでない。

いじめや不登校への対応、増加するモンスター・ペアレンツ、教育委員会等から求められる様々な報告、最近はデジタル化への対応など、業務は拡大するばかりである。昔ながらの部活動の指導も「手弁当」で、この分野に強い意欲を持っている教員もいるが、全体としては、週末も含めた過大な業務を強いられている。

教育は、教える「人」によって左右される。意欲と能力の高い教員が日々研鑽《けんさん》することで、質の高い教育が可能になる。

長時間労働で多くの教員が疲弊している現実は、教員を目指す若者を減らしている。教員採用試験の受験者数は二〇一二年ごろをピークに二割程度減少し、特に不安定で低賃金の非正規教員については、採用がままならない地域が出ている。

中期的に、児童・生徒の数は見通しが立つのだから、法定されている配置に必要な教員数は、正規雇用で確保するのが当然である。その上で、授業とこれに直接付随する業務以外について、分担・代替できる教職員を十分に確保し、疲弊していない意欲の高い教員が、十分な準備をしながら子どもたちとゆとりをもって向き合える環境をつくる。

かつての「ゆとり」教育は、中身を含めて教科書を薄くすることに矮小化されたきらいがあるが、本来は、子どもにも教員にも、ゆとりある状況で、教え、学ぶことができるようにすることが目的だったはずだ。

特に、経済的困窮家庭の多い地域や、地方などで近くに民間の塾や予備校などが存在しない場合には、公教育が補習などを担い、これを補う役割を果たす体制にするべきだ。どこに住んでいても、どのような家庭に育っても、十分な教育を受けられるようにすることは、社会全体として人材を育てるという「支え合い」の機能がある。「自助」や「民間」では困難な場合に、それを「公助」で代替するのは当然である。

これらのことを可能にするために、公教育へ振り向ける予算を増やし、十分な教職員を、できるだけ正規雇用で確保することを進めていく。

## 失われた教育機会の確保を

深刻なのは、急激に進む格差の拡大が、貧困の世代的連鎖を生じさせていることだ。親が貧困であるがゆえに、基礎的な社会性や、読み書きなどの基本的学力を身に付ける機会を逸する子どもが、急激に増えている。地域によっては、公立小中学校に通う子どもの半数近くが就学援助を受けている。基礎教育を十分に受けられなかった子どもが一割、二割という単位で存在し、かつ増加している。

もちろん、貧困の中でも子どもの教育に精一杯の努力をして、成果を上げている家庭も少なくない。しかし、貧困の深刻化と拡大の中で、努力で補える限界を超えた家庭が急激に増えていることも間違いない。

学校教育はおろか、最低限の家庭教育による社会常識の習得すら困難な状態に置かれている子どもに、これを補う機会を作ることが急務だ。また、こうした子どもが、虐待や育児放棄の被害者であることも少なくない。こうした方向からの対策も、同時に推進することが欠かせない。

少人数学級や、塾などへの支出が困難な家庭を視野に入れた補習などのサポート、給食の無償化や放課後児童クラブ（学童保育）の拡大と充実、非正規職員の多い児童相談所職員の正規化と大幅増員などで、すべての子どもたちに教育の機会を確保していく。

さらには、最低限の教育を受ける機会すら失ったまま、学齢期を過ぎ大人になっている人が、少なからず出ている。日本に生まれ育ちながら日本語の読み書きができない人や、基本的な計算ができない人もいる。こうした皆さんが、失われた教育を受ける機会を取り戻す場として、夜間中学の拡充も欠かせない。

**給付型奨学金の大幅拡大**

意欲と能力がありながら、経済的理由で進学を断念する若者も急増している。

すでに知られているように、日本の奨学金は、大部分が貸与型の、いわばローンに過ぎない。大学等を卒業して社会に出る時点で、場合によっては五〇〇万円を超える借金を抱えることになる。

大学等の学費を現在の奨学金に頼ることは、不安定雇用が拡大している中ではリスクが大きすぎる。ようやく返済義務のない給付型奨学金がスタートしたが、その対象は微々たるものだ。十分に行き渡るには人数が二桁は違う。

奨学金に頼る苦学生がごく一部に限られていた、バブル崩壊前の感覚で現状を捉えると、実態を見誤る。

国公立大学を中心に授業料が急騰し、親世代の貧困も広がって、奨学金に頼らざるを得ない家庭と学生の比率は、当時とは比較にならないほど増えている。さらに、卒業しても正規職に就けない可能性が増え、返済の目途が立たないことを心配して、意欲や能力のある若者でも、進学を断念せざるを得ないケースが急激に増えている。今回の新型コロナウイルスの感染拡大でも、せっかく進学した大学を辞めようと考える大学生の多さが指摘されている。

給付型奨学金の大幅拡大や、公的支援の拡大による学費の引き下げなどで、意欲と能力を持つすべての若者が、経済的理由で進学を断念したり、多額のローン返済に脅えたりすることのないように下支えを進める。基準作りや財源確保などの観点から、段階的に進めていく必要はあるが、近い将来、希望者の半数以上は、給付型奨学金によって学費などの心配なく進学できる状況を目指していく。

明治以降の近代化プロセスでは、意欲と能力のある若者に対し、地域社会の支え合いで教育を受けさせるという仕組みが、一定の役割を果たした。野口英世が象徴的だが、貧困ではあるが優秀で意欲のある若者を、地域の資産家が支援して高等教育を受けさせたという例が、各地でみられたという。社会全体としての支え合いで、一人でも多くの若者に充実した教育を提供できる基盤を取り戻し、十分な教育の機会を作っていきたい。

## 5　漢方薬の役割

ここまで挙げてきた政策は、即効性に乏しく、政策と効果との間の直接の因果関係が見えにくい。いわば漢方薬のような効果をもたらす政策である。

出生率が上がっていくのも、介護サービスの量が増えていくのも、非正規から正規へと働き方がシフトしていくのも、それらによって消費が拡大していくのも、どんなに良い政策を最大限推進しても、数年単位の時間がかかり、人口減少を増加に転換することなど、場合によっては数世代の時間をかけてじわじわと結果につながる性質を持つ。

政治は、次の選挙を考えて、即効性を求めがちである。多くの国民も、すぐに目に見える成果が上がることを期待している。こうした人々には、これらの施策は生ぬるく、歯がゆく見えるかもしれない。しかし、それで「即効性がある」とされる従来型の施策だけにいつまでも頼っていては、日本経済の未来は築けない。

生活習慣病の多くは、栄養過多が原因と言われる。日本経済の病もこれに似ている。近代化が早々に成功し、豊かになったことが壁にぶつかっている原因だ。その壁を越えるために、豊かさを生み出した要因である近代化路線にアクセルを踏んでも、効果が上がるどころか、むしろ逆効果だ。本質的な治療に取り組むことなく、カンフル剤や痛み止めを打ち続ければ、病はさらに悪化する。

生活習慣病の治療には、食生活の改善と運動不足解消が求められる。そして、効果を上げるには、それを長期にわたって継続しなければならない。じわじわと効果を上げる漢方薬的治療が必要なのである。

日本経済を立て直すためにも、時間はかかるが、日本社会の根本に立ち返った漢方薬的な本質的治療を、粘り強く進めていきたい。

# 第8章　これからの成長の芽はどこにあるか？

ここまで内需拡大を中心に、経済政策の視点から「支え合う社会」について言及してきたが、ここからは「国際競争にどう挑むか」について述べたい。

## 1　国際競争に打ち勝つ少量多品種生産

### 国際収支の黒字を保つ

昭和のような高度成長が困難なこれからの時代に、重視すべき経済指標は、「国際収支の黒字を維持する」ことである。

国際収支とは、国家を単位として、他国との財のやり取りの結果が、プラスであるか、マイナスであるかということである。

輸入のために支払った対価の総計が、輸出によって得た収入の総計よりも大きければ貿易赤字であり、逆なら貿易黒字になる。これに、海外投資の結果として得ている利息や配当などと、海外から日本への投資に対して日本から支払われた利息や配当、観光による収支などを加減して、国際収支が計算される。

日本は、経済成長によって輸出を伸ばし、第二次オイルショックで一時的に影響を受けた一九八〇年を底に、二〇一〇年まで貿易黒字を積み重ね、国際収支の黒字を続けてきた。この間、日本全体で有する富は、大きく伸びてきたのである。

もし、国際収支が赤字になり、それが定着したら、人口が減ることよりも、成長が鈍化することよりも、直接的に日本の危機を招く。

資源や食糧を輸入に依存している日本社会は、輸入に必要な外貨を確保する必要がある。国際収支の赤字が続いて借金で輸入代金を賄わざるを得ない事態になれば、資源や食糧の輸入が困難になってしまう。その前に、円や国債の信認が損なわれ、著しい国債価格の暴落と急激な円安によるインフレで、日本経済も国民生活も壊滅的な打撃を受けかねない。成長過程における国際収支の赤字と、安定又は衰退期の赤字とでは、大きく意味が違う。

日本には、先輩世代が築いてきた豊かさがある。新興国のまだ貧しい国が豊かになっていく中で、日本がさらに大きく黒字を積み重ねてより豊かになることは容易なことではない。だからといって、今の豊かさを失っていき、海外から必要な資源・エネルギーや食糧を買えなくなるような事態は、最も避けなければならない。

したがって、国際収支の赤字化を何とか防ぎ、日本が豊かな暮らしを維持するために必要な資金を、国際経済の中できちんと確保することが、日本経済にとっても最も重要なことである。

逆に言えば、国内でどのような資金の使い方をしても、その資金が海外に出て行かず、国際収支を悪化させるものでなければ、国富そのものを失うわけではない。国際収支こそが「今の物質的豊かさを守る」という姿勢を、端的に示す指標である。

## 大量生産から少量多品種生産へ

国際収支の赤字化を防ぎ、輸出によって稼ぎ続けるために重要なことは、規格化×大量生産でグローバルに闘ってきた、既存の大企業による輸出を支えることだけではない。もちろん、既存の大企業が頑張ることも重要だが、その面に偏っていた点で、いわゆるアベノミクスの姿勢は、時代に合致していない。

既に述べてきたように、新興国のグローバル経済への参入によって、規格化×大量生産分野の大部分では、長期的に見れば、低廉な人件費をはじめとするコスト引き下げ競争に日本が勝ち抜くことは困難になっている。無理にコスト引き下げ競争を展開すれば、低賃金で不安定な雇用を増やし、社会不安を拡大させる。可処分所得の減る国民が増えれば、日本経済の半分以上を占める内需を冷え込ませ、この二〇年ほど続いてきた「デフレの悪循環」につながる。

新興国とのコスト引き下げ競争にさらされている規格化×大量生産分野を支えるだけでは、日本はじり貧になっていかざるを得ない。

今求められているのは、豊かな日本で暮らしていくのに必要な賃金などのコストを支払っても、十分に競争に勝てる分野を育てることである。別の言い方をすれば、低賃金の新興国では供給できない分野で勝負しなければ、求められるニーズに対応できない。高い賃金を支払うことのできる高付加価値分野を、どう育てるかが求められているのである。

この場合の大きな付加価値とは、要するに、人件費の安い新興国では生み出すことのできない価値に他ならない。

もちろん、知的所有権や海外投資によって稼ぐという観点から、国内で研究開発を進めることは重要であり、それを支える教育や研究促進も重要である。しかし、こうした技術開発だけではこれまでのようには稼げない。その現実を見据え、あくまでも、これからも稼ぐためのワン・オブ・ゼムであることを意識すべきである。

今の日本に求められる視点は、「少量多品種分野を重視する」ことである。

技術力が乏しくても、人件費の安い新興国が勝負できるのは、規格化×大量生産という、技術力などが比較的必要とされない分野である。逆に、少量多品種の分野では、調達・資材管理や労務管理、販路開拓などという間接部門を含め、相対的に高いスキルが要求される。新興国との競争にはなりにくく、価格引き下げ競争に陥りにくい。

## 中小企業・小規模事業者こそが成長の中心

製造業で大企業が有利であるのは、大量生産という規模の経済が働く分野が中心である。少量多品種に対応する場合は、規模の経済が働きにくい。

そんな中、幸い、日本のモノづくりを支えてきた中小企業の多くは、その技術力のみならず、親会社の厳しい注文に対応する中で、間接部門も含めて高いスキルを持っている。大量の需要がある訳ではないが、特定の分野で他に類を見ない製品やサービスを提供することや、相対的に高い付加価値をもつ製品やサービスを産み出すことなら、機動性も含めて、中小企業・小規模事業者の方が有利であることが少なくない。

足りないのは、販路やその拡大につながる人脈や宣伝力だ。特に、世界に向かって技術力などを売り込もうとしても、言葉の壁が立ちふさがり、大手の下請けという立場にとどまらざるを得なかった歴史がある。販路拡大に向けた支援のさらなる強化、特に、外国語のサポートや市場調査などのサポートを展開すれば、中小企業・小規模事業者の潜在力を引き出し、世界で稼ぐことも十分に期待できる。

　中小企業・小規模事業者による少量多品種分野であるから、一つひとつの企業や、一個一個の商品が稼ぐ規模は、決して大きくない。しかし、こうした地道な積み重ねが、新興国に脅かされない強靭《きょうじん》な経済へとつながっていく。

　例えば、旅客機の化粧室や厨房設備では、世界市場の半分程度を日本の中堅企業が占めている。超精密部品や特定物質の分離装置など、高度な技術を要し、製造機械や素材生成に不可欠なパーツの製造を、日本の中小企業・小規模事業者が独占的に担っている例は少なくない。私の自宅そばにあるヘルメットメーカーは、高い技術が評価され、オートバイをはじめとするモータースポーツの分野で、各国の多くの一流選手が採用し、高いブランド力を得ている。

　既に成功している企業は、様々な努力を重ねて市場を切り開いてきた。経済産業省も市場開拓の支援を始めており、成果を上げている。私は、これを大幅に拡大し、世界で稼げる中小企業・小規模事業者が育つ社会をつくっていく。

## 中小企業・小規模事業者を守らないと……

効率性重視の経済は、日本の企業の九九％を占める中小企業・小規模事業者にも、効率やコスト意識を過度に要求し、その経営基盤を脆弱にしてきた。コロナ禍がそんな中小企業・小規模事業者の経営を直撃すると、その「痛み」は大企業に波及することとなった。例えば製造業において、大企業はサプライチェーンを「下請け」「孫請け」の中小企業・小規模事業者に依存してきたが、これらの多くが今、コロナ禍で廃業、倒産の危機にある。

日本経済のカギを握ってきた海外からの観光客（インバウンド）を支える観光関連、運輸関連の産業は、その多くが中小企業・小規模事業者だ。だが、コロナ禍による海外からの入国規制でインバウンド客が全く見込めなくなり、外出自粛要請で国内の観光客も激減した。現在、観光バス事業から通訳やガイドまで、その多くが経営危機に陥っている。

仮に大企業が経営を維持することができても、サプライチェーンを支える中小企業・小規模事業者が倒産してしまえば、生産がままならなくなり、企業は立ちゆかなくなる。観光産業のきめ細かい部分を担っていた中小企業・小規模事業者が倒れてしまえば、観光地を元の状態に戻すことは不可能に近い。

中小企業・小規模事業者にコスト削減や効率化を求め過ぎて、全く余力のない状況に追い込みながら日本経済を回してきた「ツケ」が回ってきたのではないか。こうした状況から脱却し、中小企業・小規模事業者の規模の小ささゆえに背負っている弱点を補いながら、小さいからこその有利さを引き出していく。

そんな姿勢で、中小企業・小規模事業者に寄り添っていく決意だ。

## 2　自然エネルギー・環境立国への挑戦

### 一極集中を転換するエネルギーシステム

今後、重要な意味を持つのが「自然エネルギーシステムの構築」である。

政治の世界でエネルギー政策というと、「火力発電と温暖化」「原子力発電と安全性」といったことが注目される。特に原発については、私自身が二〇一一年、官房長官や経済産業相として向き合った東京電力福島第一原子力発電所事故以来、国民的関心も高い。

当時の担当者の一人として、原子力エネルギーへの依存から、一日も早く脱却するべく全力をあげる。世の中に「絶対」はあり得ない以上、万一の時の被害が大きすぎる原子力発電は、やめるしかない。事故対応を通じて、そのことを強く感じた。だからこそ、原子力発電を現実にやめていくことへの責任を痛感しており、その決意は変わらない。

そのためにも、再生可能エネルギーを中心とした、価格が安く安定的で、かつ無炭素のエネルギー源の確保に全力をあげていく。

同時に、「自然エネルギーシステムの構築」には、原発依存からの脱却だけではない非常に大きな意義がある。その一つが地方活性化だ。

そもそもエネルギーの生産拠点は、人口の少ない地域に優位性がある。これは水力に始まり、火力から原子力、風力や太陽光などの再生可能エネルギーまで、エネルギーの種類を問わない。

ところが、これまでは大規模集約的に発電がなされる地域と、その主たる消費地は大きく離れており、その対価や収益も大都市に集約されてきた。エネルギーを生み出す地方では、そうやって得られた富の一部が立地地域への交付金などの形で還元されるだけだった。

しかし、従来型の水力や大規模火力、原子力などの発電と異なり、再生可能エネルギーは、日本列島の各地に分散させて立地し、エネルギーを生み出す地域と、それを消費する地域を一体化させることができる。エネルギーを生み出した地域が直接、その対価や収益という恩恵を受けることができ、地域に雇用も生まれる。

実際、風力や小水力、太陽光や、燃えるゴミや間伐材等を利用する小型バイオマスなどは、かなり多くの地域に地産地消が可能な芽が存在している。小水力発電や小型バイオマス発電、太陽光を農業生産と発電とで共有するソーラーシェアリングなどは、特に一次産業との親和性が高い。

発電地域が分散していれば、結果として災害などにも強くなる。分散した発電所をネットワークでつないでおき相互融通を可能にすれば、どこかの地域が災害で打撃を受けても、影響は狭い地域にとどまる。大規模発電所が機能不全に陥り、広域でブラックアウトするといった事態を避けることができる。一極集中を是正し地域活性化を進めることは、こうしたエネルギー問題の側面からも必要なのだ。

## システムの力で高付加価値を生み出す

日本は、自然エネルギーに関連する生産技術などでは、世界から遅れを取ってしまった。太陽光パネルや風力発電のための風車なども、生産技術という点では優位性がない。

ただ、日本には、ほぼすべての自然エネルギーについての経験と技術的蓄積があり、蓄電や断熱などの技術も高い水準にある。そして、エネルギーについては、個々の技術力以上に、システム全体としての技術力や効率性が求められるが、こうした分野は日本に一定の優位性がある。グローバル化と新興国の追い上げの中で、日本が高付加価値を生み出し得る分野として、生き残れるだろう。

「脱炭素、温暖化対策、脱原子力」という方向性は、どの国で暮らしていても、そして、どんな政治スタンスを取っていても、世界全体として、今後おそらく数十年単位で進めていかざるを得ないものである。人類の未来に大きく貢献する産業分野であるとともに、市場としての将来性も大きい。

日本は、狭い国土に多くの人が住む島国であり、地球環境の影響を受けやすい。その日本が、未来に向けて、そして世界に向けて夢と希望を見出すためにも「自然エネルギー・環境立国」という方向性を明確に掲げ、政策の柱として進めていく。

### 電力は足りている

自然エネルギーに依存して、本当に原子力発電を止《や》めることができるのか、いまだに疑問の声がある。確かに東日本大震災による東京電力福島第一原子力発電所事故まで、日本には五四基の原子力発電所が存在し、ピークだった一九九八年度には、総発電量の三七％を原子力発電が担っていた。

しかし、原発事故が起きてからこの一〇年。すでに発電量だけ見れば、原発依存から脱却している。

事故前と比べれば厳しくなった審査をクリアして再稼働される原発は、年に二～三基程度、発電量としては総発電量の六％前後に過ぎない。この間に、新エネルギー発電の比率は約一〇倍に伸び、水力と合わせた再生可能エネルギーの比率は二割程度に達している。二〇二一年の初頭、暖房需要によって電力供給の逼迫《ひっぱく》が伝えられたが、二〇一一年にあったような計画停電を検討する事態にまでは至っていない。

自然エネルギーには、天候による不安定性があるし、万一にも電力不足を招いてはいけないから、さらなる余力が必要だ。供給を安定化させる蓄電技術を高めていくことも必要である。しかし、原子力か自然エネルギーかという選択では、結論がすでに出ている。

菅内閣は、二〇五〇年脱炭素社会、カーボン・ニュートラル（実質的な二酸化炭素排出量ゼロ）を打ち出した。そのためには、火力発電、特に石炭火力を大幅に減らさなければならない。火力の発電量は全体の八割近くを占めており、石炭火力だけでも三割に達する。

原発に依存せず、これを置き換えていくことは簡単なことではない。

原発なしでも電力が足りてしまう状況を受けて、菅政権は、「火力を減らすために原子力」という流れを作ろうとしていると勘繰らざるを得ない。

しかし、自然エネルギーへの転換は始まったばかりであり、第二次安倍政権以降は政府の後押しが停滞しているにもかかわらず、順調に伸びてきている。決して不可能な目標ではない。

私は、原発に依存しない脱炭素社会を実現していく。

## 政府のすべきこと

自然エネルギーを拡大する上でネックになっているのは、送電網である。北海道や東北地方などには風力発電の適地がまだまだあるが、送電網が脆弱なために、発電しても送電できない。各地で分散型の発電が広がっていくにつれて、既存電力会社が持つ送電網では対応できなくなり、それが自然エネルギーの拡大を阻害している。

一方で、既存電力会社も民間企業である以上、自社で発電したいわば「自社製品」を売るためではなく、競合他社の製品である自然エネルギーによって発電された電力を送電することに、コストはかけられない。既存の送電網についてなら、利用料を徴集することで公平に使わせることを求めることもできるが、新たな送電網の整備などへの投資を、既存電力会社に強いることは合理的でない。寡占状態から電力を自由化した以上、複数の電力会社が利用する送電網の新たな整備は、国の責任で進めるしかない。

自然エネルギー・環境立国に向けて、送電網強化のための新たな投資を、国の責任で迅速に進めていく。

### 断熱化を進める

もう一つのポイントは、電力消費量を少なくしていくことだ。

電気自動車への転換や、コンピューター関連の電力需要など、増えていくことが見込まれる部分もあるが、産業分野での省エネルギーは一定程度進んでいる。

そんな中でも、家庭用電力消費の三割程度を占める冷暖房については、断熱性能を高めることで大幅に抑制ができる。日本の古い住宅の多くは断熱性能が著しく低い。昭和の終わりごろまでに作られた住宅の場合、すきま風に加えて、壁や天井、床などに断熱効果がまったくない住宅が多く、「がんがん暖房を焚いても底冷えする」とか、「冷房効率が悪いために電気代の負担が大変だ」と言う方も少なくない。その影響で、一年間に交通事故で亡くなる人よりも、ヒートショックによって風呂で亡くなる人の方が多い。

断熱材を入れ、地域によっては二重窓にするなどして断熱効果を高め、家を「魔法瓶」のようにすれば、電力をはじめとするエネルギーを最小化して暖めたり、冷やしたりでき、さらには、その状態を長時間維持できる。最近、引っ越しやリフォームを経験した方の中には、実感としても、電気代などの費用の面でも、大きな効果を感じている方もいるのではないだろうか。しかも、これまで進んでいなかっただけに全国で展開すれば効果も大きい。例えばドイツは計画的に既存住宅の断熱性能アップを進めている。

さらに、断熱化などの住宅改修工事は、地場の中小や零細の建築事業者に仕事を作る。もっとも、古い住宅に住んでいる方は、高齢の方や所得の低い方が多く、改修費用の負担が困難である。よほど強力な助成がなければ、とうてい進まない。

高齢化に向けたバリアフリー改修や耐震性の強化にも、急ぐことが望ましいのになかなか進まないという共通の事情がある。

一〇年程度ですべての住宅をバリアフリー化と耐震性強化、そして断熱化するとの目標で、改修費の助成を強力に進めていく。

# 第9章 「機能する政府」へのアプローチ

ここまで述べてきたような経済的な格差の是正や「安心」を高めることは、市場の力だけでは実現できない。例えば、前述したように、グローバル化が進むなかで、企業が新興国との競争に勝つために従業員の賃金を抑制することは、その企業にとっては経済合理性のある行動だからだ。市場に任せているだけでは、これを逆回転させることはできない。政治の力がどうしても必要だ。

税制による再分配は言うまでもない。これに加えて、社会保障政策や労働政策などのさまざまな施策を通じて、こうした課題を解決することが重要だ。そして、そのためにどうしても必要なのが、信頼できる「機能する政府」である。

## 1 信頼できる「機能する政府」へ

### リスクとコストを分かち合う機能

経済格差の是正を進めるにあたって考えるべきことは、「支え合い」のために生じるリスクとコストが特定の存在に著しく偏っている状況を、どう改善するかである。

コロナ禍はすべての人の命と暮らしを脅かした。だがその中でも、業種などによって、特に大きなリスクを負った人たちや、特に大きなコストを払った人たちがいる。高い感染リスクの中で尽力いただいている医療従事者の皆さん。介護や保育などケアサービスにかかわる皆さん。物流、小売、旅客運送などにかかわる皆さん。警察などを先頭に、多くの公務労働にかかわる皆さん……。どんなにリスクがあっても、無理をさせていると分かっていても、こういう業務に携わる皆さんが命がけで頑張ってくれなければ、社会は成り立たない。

「エッセンシャル・ワーカー」という言葉が広く知られるようになったが、今回のコロナ禍は、社会が、どんなリスクがあっても欠かすことができない業務に従事する人の存在によって成り立っていることを、私たちに教えてくれた。

それだけではない。コロナ禍は、観光産業や飲食関連産業、文化芸術関連産業などに携わる人たちに、とりわけ深刻な打撃を与えた。閉店に追い込まれた人や、仕事を失ったままのフリーランスの人もいらっしゃるだろう。こうした業種では、今後感染が収束し、経済が回復してきても、相当長期にわたり影響が残ると言われている。そしてそれは、こうした業種にかかわる当事者だけでなく、例えばこれまで旅行や外食を楽しんできた、あるいは観劇やライブを楽しんできた、私たちすべてが大きな損失を被るということだ。

コロナ禍に限った話ではない。私たちの社会は、特定の人々がより大きなリスクを負い、より大きなコストを払っていることで成り立っている。彼らが背負うリスクやコストを、社会全体で分かち合わなければいけない。リスクとコストを平準化すること、つまり再分配することは、政治の最大の役割だ。

## 社会保障への信頼を高める

例えば、公的介護や保育の提供量と信頼できる質の確保を、すべての国民が安心できる状況にまで拡大するには、介護や保育の現場を安定的で魅力ある雇用の場に変えて、人手不足を解消する必要がある。そのためには、そこで働く人たちの賃金を引き上げるしかない。

しかし、彼らの賃金を引き上げる財源として、窓口での自己負担を安易に増やせば、金銭的に利用できない低年金の高齢者や低賃金の子育て世帯を増やしてしまう。それは避けなければならない。保険料であれ税であれ、何らかの公的な財源を増やすことが必要だ。

高齢者向けサービスについては、将来の年金や公的医療、公的介護の質や量への信頼を高めることができれば、高齢者は預貯金を少しずつ取り崩したり、受け取った年金の多くを消費に回したりするようになり、新たな需要を掘り起こす可能性がある。だがそのためには、公的社会保障に対する信頼を高める必要がある。ここでも、将来の年金や医療、介護に対する公的支出を拡大することは避けられない。

保育所などのハードを整備し、維持するためにも、公的支出が必要になる。それに加えて、安心して子育てできる環境を作るために、子育て世代の安定的雇用を拡大させ、賃金を増やさなくてはいけない。何らかの手段で子育て世代を経済的に支援しない限り、潜在的需要のある子育て支援ビジネスも成長せず、少子化にブレーキをかけることにもつながらない。

このように考えていくと、現状の水準で年金・医療・介護・子育て支援を維持継続するだけでも、財源は拡大せざるを得ないし、安心できる老後や子育てを実現し、そこにある潜在的需要に応じた安定的な雇用の場を生み出そうとすれば、さらに大きな財源が必要になる。財源問題に目をつぶり、充実した社会保障だけを唱えても説得力はない。

「お互いさまで安心できる支え合いの社会」を作るためには、「大きな財政」は避けられない。効率的な「小さな政府」と「大きな財政」は両立するが、「小さな財政」で安心できる支え合いの社会を作るのは不可能だ。政治はこのことから逃げてはいけない。

## すべての人の「支え合い」のための財源

何度でも繰り返すが、ここで必要としている財源は「弱者」のためのものではない。すべての人の「支え合い」のための財源である。

医療でも介護でも子育てでも、すべての人が必要に応じた十分なサービスを享受する。そのサービスを提供する人たちが、安定的な雇用の下で安心できる生活を営めるようにする。そうすることで社会全体の安心感が高まり、格差の拡大が抑制されれば、経済社会全体も恩恵を受ける。こうしたことをきちんと説明していくことが必要だ。

国民に長期的には必要な負担をお願いしなければならないことは間違いない。しかし、一見負担増に見えても、それによって老後の不安や失業の不安、格差拡大の中で貧困に陥る不安などが小さくなり、安心して子どもを産み育てることができるようになれば、回り回って結果的には、すべての人の負担を減らすことにつながる。少子高齢化や低経済成長といった「近代化の壁」を乗り越えることができる。こうしたことを丁寧に伝え、多くの国民の理解を得ていく。

こんなたとえはどうだろう。

長期にわたって「火災ゼロ」「交通事故死ゼロ」という地域がある。では、この地域では消防署や交通警察を「ムダだ」と言って廃止するだろうか。「最近は事故がないから」と言って、信号機やガードレールを撤去するだろうか。逆である。消防署や交通警察が十分に機能しているから、火災や交通事故死がなくなり、安心して住める地域になっているのだ。

「支え合い」のための負担増を避けることは「我が家は火事を出さないよう自己責任で頑張る」「自分は交通事故を起こさない」と言って、消防署や交通警察を縮小するのと同じである。それが逆効果であることは、明らかだ。

すべての人にとって暮らしの不安がなくなり、そのことで消費が拡大し経済が活性化するのなら、それは一見「支え合い」の直接の恩恵を受けていないように見える人にとっても、明らかにメリットがある。まさに「情けは人の為ならず」なのである。

確かに、少ない財源でより大きな効果を生むための努力を怠ってはいけない。しかし「政府は小さいほど良い」「公務員は少ないほど良い」というのは、現在の日本社会ではもはや時代遅れだ。私はそのことを明確に訴えていく。

## 公共事業から「支え合い」の社会保障へ

「支え合い」で安心できる社会をつくるために必要な施策は、公共事業がこれまで担ってきた役割を代替する性質を持っている。いわば「二一世紀の公共事業」と言える。土木を中心とした従来型の大型公共事業を中心に置いた考え方から順次脱却し、「支え合い」のための事業の財源に振り向けることは、経済や社会の活力という側面からも合理的である。

公共事業は、その事業にかかわる産業と雇用を生み出してきた。公のために役に立つ仕事をすることで、雇用の場が確保され、収入を得て家庭を営むことができた。ほかにこれといった二次、三次産業のない地域では、農林水産業だけでは食べていけなくなる中で、地域を支える軸になってきた。こうした役割の一部を、今後は社会保障が担うのである。

高度成長期に整備された既存のインフラを補修・改修していくニーズは今後ますます高まっていくし、前述した断熱化などの需要も大きい。防災の見地から必要な事業も少なくない。したがって、今後も公共事業やこれに準ずる仕事は必要である。

しかし、大型公共事業のかなりの部分は、少子高齢化の影響もあって労働人口が減少したことにより経済効果が小さくなってきているし、地元に落ちるお金も限定される。それを無理に維持するのでなく、社会保障的事業に振り替えていくのである。

ここで大切なことは、「公のために役立つ仕事をしている／してもらっている」という納得感である。公共事業に関わる人たちに、公共事業を通じて支払われてきた金銭を福祉事業として直接分配するなら、より少ない財源で足りるであろう。しかしそれでは、給付を受ける側も、財源を負担する側も、納得できないに違いない。

高齢者のためのサービスや子育て支援は、利用者である高齢者や子育て世代の視点に立てば、社会保障的、福祉的事業にほかならない。しかし、サービスを提供する側から見れば、住民に需要のある大事なサービスを提供するための公的関与であり、その点では公共事業で地域に道路や橋を作ることと同質のものである。

逆に、公共事業を受益者の立場から見ると、「道路や建物などを無料または安価で利用できる」ということは、高齢者や子育て世代が「自分の必要とするサービスを、対価を支払いうる範囲内で利用できる」ということと、本質的に変わりはない。「道路はすべての人が使うが、少子高齢社会型サービスは、受益者が限定されるではないか」という反論があるかもしれないが、公共事業で建設される図書館や音楽ホールなどいわゆる「ハコモノ」の多くは、利用者が限定されており、両者の間に本質的な違いはない。

## 地方の活性化のために

特に、疲弊している地域経済を維持し活性化する上で、公的な少子高齢社会型サービスを充実させることの必要性は大きい。

まず大前提として、従来型公共事業よりも、社会保障的サービスへの支出の方が、経済波及効果は大きい。これは、社会保障関連支出の方が、全体として雇用を生み出し賃金に回る割合が高いため、それが消費に回ることが一つの要因である。

全国どこでも十分な子育て支援サービスを受けられ、生まれ育った地域で必要な介護や医療を受けられるためには、これらのサービスを全国津々浦々で提供しなければならない。そして、特に過疎地域に担い手を呼ぶためには、安定した雇用と、十分な賃金が求められる。しかも、増減が激しい従来型の公共事業よりも、安定的な仕事と雇用を生むことになる。それは、そのサービスを担うに足りる人々が、その地域に現役世代として住み続けることを可能にする。

地方ほど高齢化が進み、相対的に介護や医療に対する需要は大きい。これを支える仕事の担い手が地域に暮らし続けるためには、ほぼ同時に子育て支援サービスも充実させなければならない。地域に定住する人が増え、地域での日常の消費を増やし、経済を活性化していくという良い循環につながる可能性が出てくる。

従来型公共事業を通じて地域に住む人に仕事をつくり、そこに人件費として流れていた財源の一部を、今度は支え合いの人件費に回る財源として地方に移す。公共事業による国から地方へ、大都市から地方へという所得再分配の役割を、社会保障的サービスによって、より効果的に果たす構造へと転換していく。

老後や子育てを支える支出を伸ばし、そのためのサービスを充実させること。そのために財源が必要なこと。このことにどういう意味があるのかを国民に明確に示し、理解を得ることが重要である。

単に「高齢者のために」とか「子育て世代のために」だけでは、それ以外の国民からの理解を得るのは簡単ではない。それを超えた意義を、いかに明確に説明できるか。つまり、こうした施策の推進が、公共事業と同様、地域経済の維持や経済活性化にもつながること、「情けは人の為ならず」という意味を持っていることを、正しく理解してもらえるかどうかが、世論の理解を得るためのカギである。

## 2　「一律支援」による公平で効率的な行政

### 子ども手当は「バラマキ」だったのか

弱者だけでなく「すべての人の支え合い」を大切にする行政を実現するには、公的支出を増やすことが欠かせない。国民の皆さんに必要な負担をお願いすることになる。このことに理解と納得をしていただくには、行政のムダを省き、効率化をさらに進めることも必要だ。

「行政の効率化」などと言うと「また新自由主義的な『改革』を持ち出すのか」と言われるかもしれない。

しかし、私が考える「行政の効率化」のポイントは、これまでに多く実施されてきたものとは異なる。支え合いのための「効率的」な支援として、「所得の多寡《たか》にかかわらず、すべての人に一律に行う」のである。まさに民主党政権時代に「バラマキ」と批判された方法である。

民主党政権の「子ども手当」は、もともと普遍主義の理念に基づき制度設計されたものである。「親の所得に関係なく、すべての子どもに同じ金額を支出する」ことは、制度設計の重要なポイントだった。ところが、当時はこのことが「バラマキ」という強い批判を受けてしまった。「金持ちに支援する必要はない。そうした人々まで支援の対象とするのはムダである」というわけだ。

こうした考え方の名残は今もある。昨年の新型コロナウイルス対応で「一〇万円の特別定額給付金」を一律支給する施策をめぐっても、「困っていない人まで給付金を受け取るべきではない」という声が上がった。子ども手当への批判と同じ流れにあると言える。

## 支援の対象を選択する「既得権」

なぜ「一律支援」には抵抗が多いのか。その背景には、「金持ちへの支援はムダ」という国民的な素朴な感情だけでなく、これとはまったく異なる永田町（国会）や霞が関（中央省庁）の事情がある。実は、「バラマキ」批判の背景にあるのは、既得権を持つ政治行政からの本能的な拒否感であり、これが、国民の素朴な感情を悪用して既得権を守っているのだ。

政治や行政の最も大きな権力の一つは、公的支出の対象を「選択する」ことにある。公共事業の箇所付け（どの工事を先に進めるかなどを決めて、具体的に予算を付けること）などはその典型である。裁量の余地が大きければ大きいほど、時の権力が、自分を応援してくれる地域や業者に都合の良い箇所付けをすることが起こりがちになる。安倍政権における加計学園問題などは、ある意味こうした事例の一つだろう。

公が支出の対象を自らの裁量で自由に選ぶことは、その支出を受けたいと思う人たちに対して強い権力となり得るのだ。

逆に「子ども手当」のような一律の支出は、政治や行政の裁量の余地が小さい。つまり、支出に対して権力の思惑が入り込む可能性が極めて低い。例えば、一定年齢以下の子ども全員に同じ金額を支出しても、俗に言う「票やカネ」にはなりにくい。誰も「特別扱い」をされていないからだ。

これが、「子ども手当」に対し、従来の権力構造からの激しい批判がなされた背景だ。

そんなところに乏しい財源を回すのなら、厚生労働省や文部科学省による裁量の余地の大きな支出に回す制度の方が、権力にとって都合が良いという潜在的な意識が働いたのだ。子ども手当を「バラマキ」「ムダ」と批判した感性の方が、むしろ「ムダ」を生み出す利権的感性そのものだということを、強く主張しておきたい。

## 所得制限による行政コスト

一般的な弱者保護政策は、支援の対象となる「弱者」を絞り込むため、所得などの基準を作ったり、実態調査をしたりする。そのために多大な行政コストがかかってしまう。

ムダを省くために支援対象を絞り込もうとすればするほど、対象者の所得や資産を正確に把握しなければならない。個人の所得は毎年変化するから、この確認作業だけでも行政事務は肥大化してしまう。記憶に新しいところでは、新型コロナウイルス対策でも、持続化給付金の支給をめぐり、所得がどれだけ減少したかの確認に行政が手間取り、結果として支給が大きく遅れてしまった。

普遍主義の考えに立ち、様々な公的支援について可能な限り対象の絞り込みをやめて、一定の基準に基づく一律的な支援に変えていく。これによって、支援対象の絞り込み業務にかかわる職員を、ほかの仕事に振り向けるという本来の行政改革を進めていく。

基礎年金を思い浮かべてほしい。基礎年金の二分の一は、税を財源とする公的支出であり、所得や資産のあるなしにかかわらず、原則として一律に税の支出がなされている。誰もそのことに異論を示していない。どうして子ども手当だけが「所得制限がないのはけしからん」と批判されたのか、理由が分からない。整合性がなさ過ぎる。

支援の対象をどこで線引きしようとしても、支援の必要性についてどんなにコストをかけてチェックしても、一切の問題なく対象を絞り込むことなどできない。対象を絞り込んだ弱者保護政策が全く必要ないとは言わないが、その範囲は、必要最小限にとどまることが望ましい。言い換えれば、弱者保護政策の対象を最小限に絞り込むためにも、まず格差拡大を防ぐことが重要であり、そのために一律支援が必要なのである。

「高所得者も支援される」ことを問題視する気持ちは分かる。だからその分は、税の徴収によって是正を図る。

いったん一律に支援するが、高額所得者からは、その後に税金という形で取り戻す仕組みとする。税務行政は普段から、所得などの把握に最大限の努力をしているのだから、ほかの行政部局が、給付金支給などのために改めて所得の把握に四苦八苦する必要はない。

## 3 「現物給付」による「安心」

### 「ベーシック・サービス」の必要性

例えば子育て支援のためには、保育所や学童保育などの供給量を飛躍的に拡大することが必要だが、一気に進むものではない。民間の子育て支援サービスを育てるには、サービスを利用したい人たちの可処分所得を増やすための支援策を先行させる必要がある。高齢者の介護などにも同様なことが言える。

民主党政権の「子ども手当」は、こうした視点から、サービスそのものの供給が充実するまで、まずは「何に使っても良いから、お金だけは渡します」という発想で組み立てられた。

あれから一〇年が過ぎ、今コロナ禍に直面する中で、社会のニーズも、国民の意識も大きく変化した。

今、求められるのは「支え合い」のサービスそのものを十分に提供すること。必要な医療を受けられない、介護や保育のための必要なサービスが十分に供給されていない、仮にお金があっても必要なサービスを受けられないという状況は、いわゆるケアサービスの分野を中心に、各分野で顕著になっている。

現金給付よりも、サービスそのものの提供を増やす。そのために、十分な財源を投入して、そうした分野で働く人の賃金や雇用環境を底上げし、人手不足を解消する。こうした、

「ベーシック・サービス」の充実こそ優先して取り組んでいく。

## 必要なサービスは幅広い

充実を急ぐ「ベーシック・サービス」は、必ずしも社会保障的な分野にとどまらない。例えば政府は、相次ぐ水害に対して、浸水した家屋と家財道具の後片付けをボランティアに依存してきた。しかし、二〇二〇年の夏に相次いだ水害では、新型コロナウイルス感染症の拡大を防ぐ見地から、広域的なボランティアの呼びかけが困難になり、結果として後片付けなどが大幅に遅れる地域が出てきた。「支え合い」に必要なサービスの不足を示す典型的な例である。

緊急時に対応する政府機能の要として、「危機管理庁（仮称）」設立に取り組むとともに、その下に、自衛隊と役割分担して災害支援などに取り組む実働部隊（仮称「生活支援隊」）を置くことの検討を進めていく。

典型的な現金給付と言える「一律一〇万円の特別定額給付金」や減収企業のための「持続化給付金」、さらにはコロナ禍に対応した様々な特別融資などについても、最も注目された問題点は、給付の申請や相談、審査などに対応する行政側の人手の不足、即ち行政サービスの不足だった。「現金」を用意しても、それを給付し、あるいは受け取るためのサービスが不足したために、必要なタイミングで受け取ることが出来なかったのである。

税の徴収が、全国民と全法人を対象としている（少なくとも、その建前になっている）ことの裏返しとして、必要に応じて十分な給付を行うための仕組みづくりを進める。ともすると「マイナンバー制度」のような「デジタル化」として注目されるが、前述したように、それは本質ではない。必要な給付を、できるだけ少ない作業で迅速に実施できるシステムづくりこそが本質であり、デジタル化は、そのための一手段に過ぎない。

さらに言うと、新型コロナウイルス感染症による困窮者の増大で、再び、路上生活者の急増が問題になった。

「衣食住」という言葉があるが、住むところがないと、働くことを含め生活の基盤が成り立たず、行政による様々な支援も困難になる。誰でも低廉な住宅を借りることができるというのも、求められる広い意味でのベーシック・サービスと言える。

このように、「安心」を高めて「支え合う」社会を作るために、「必要なサービスを必要な人に提供する」という「現物給付」を十分に確保していく。

災害復旧のような、人の命や暮らしに直結するサービスや、住まいという生活の基盤の確保まで、安易にボランティアに依存したり、市場に任せたりしてきた社会のあり方が、本当に良かったのか。今、そこが問われている。

## 大切なのは「余力」

「支え合い」の社会で、安心を高めるためにサービスを供給する場合、不可欠なのは「余力」の存在である。供給主体が官そのものであるか、民間であるかは関係ない。

新型コロナウイルス感染症では、医療や保健所が量的な限界に直面した。「安心を高める」ことにつなげるには、サービスの供給側に「余力」がなければいけない。医療分野は典型的だ。今回のような突然の感染症による医療の逼迫は、いつ、どこで起きるか分からない。

こうしたイレギュラーな事態だけでなく、一〇年余り前、産科や小児科、麻酔科など特定の診療分野で供給体制が不足し、「救急車のたらい回し」が問題となったことを覚えている方も多いのではないだろうか。救急医療に「余力」がなく、満床の状況が常態化していたのでは、「救急」の意味を持たない。ちなみに、この時は、民主党政権が救急など不足する医療分野への支援を拡大することで、一度は「救急車のたらい回し」をなくすことができた。

介護サービスも、急に倒れて介護が必要になることも多いから、必要となったときに「すぐに」対応できなければ、当事者にとっては大きな負担となる。「すぐに」対応するには、周辺地域での介護サービス供給体制に「余力」が必要である。保育サービスについても「今は不足しているが、五年後には充足します」というのでは、当事者にとって何の意味もない。「今、すぐに」必要なサービスが提供されなければならない。そのための「余力」が必要である。

経済合理性を求められる純粋な民間では、「余力」を持つことが不可能だ。病院の収益力を上げるには、ベッドなどの稼働率を一〇〇％に近づけること、つまりフル稼働させる必要がある。その結果、緊急時にベッドの空きがなくなってしまえば元も子もない。「安心」を確保するために必要なサービスを「余力」をもって供給するには、政治・行政による関与と支援が不可欠なのである。

これらのサービス供給を充実させるにあたっては、「余力」の必要性を考慮した量の確保と配置を必ず組み込んだ仕組みとする。もちろん、空きベッドがあっても経営が成り立つ制度としていく。

こうした役割を果たし得る「機能する政府」を作り上げることを、「支え合いと分かち合い」によって国民の命と暮らしを守り、さらに消費を喚起して経済を活性化するための第一歩として進めていく。

# 第10章　支え合う社会のためのいくつかの視点

「支え合い、分かち合う社会」の理念と方向性について、ここまで記してきた。その上で、個別の政策を進めていく際にポイントとなる点を、いくつか指摘しておきたい。

## 1　再分配の財源をどう確保するか

### ムダ削減と国民負担

「支え合う社会」を目指す政治に対しては、これまでも常に、「財源はどうするのか」という厳しい問いかけがなされてきた。前述したように、こうした社会を実現するためには、国民の皆さんにある程度の負担増をお願いせざるを得ない。

だが、多くの国民の間では、特に消費税のような負担増には抵抗が大きい。当然の反応だと思う。

長い間非効率な行政を見せつけられてきたうえに、七年八ヶ月に及ぶ第二次安倍政権で、国会などの十分なチェックを受けず「税金の私物化」と受け取れるような問題が次々と指摘されては、国民の間で「私たちが納めた税金がきちんと使われていない」という不信感が高まり、納税意欲が萎《な》えてしまうことも仕方がないだろう。

しかし、私物化はともかく、ムダの定義は難しい。「すべてのムダがなくならない限り負担増をしない」というのも、やや非現実的な議論と言わざるを得ない。

政権与党を経験し、特に行政刷新大臣を務めた経験から「世の中には『一〇〇%のムダ』は少ない」という現実を、改めて認識させられた。

私は、二〇〇九年に政権の座につくまで、車の通らない道路や船の入らない港、飛行機の飛ばない飛行場などを「ムダの象徴」として訴えてきた。しかし、何がムダで、何がムダでないかの判断は、時と人によって異なる。一台の車も通らない道路や、一艘の船も入らない港はよほどのケースだ。一日に数台の車しか利用せず、大部分の人にはムダに見える道路も、例えば医療機関につながる唯一と言っていいルートで、一部の関係者には死活的に重要なものだったりする。ましてや前述の通り、多くのベーシック・サービスには「余力」が必要だが、必要な「余力」と「ムダ」の区別はつきにくい。

すべての人が「ムダが完全になくなった」と認める状況が生まれることは考えにくい。「ムダ」か否か議論となり、激しい政治対立になることで、政治的エネルギーを消耗し、場合によっては必要な削減が遅れることになる。

したがって、ムダの根絶が完全にできていない状況であっても、いつかは国民に負担増を求めることに向き合う必要が出てくる。そして、「ムダ」か否かという、意見の割れる絶対的評価で判断するのでなく、必要な他の事業との「優先順位」という相対的な物差しで、財源の振り替えを進めていくことが合理的である。

## まずは支出増の先行を

多くの国民は、増税などの負担増に応じても社会保障の安定や充実に使われているという実感を持てない。それどころか「どうせ政治によってムダづかいされる」という不信感さえ抱いている。にもかかわらず、財政規律を重視するあまり、国民の不信感を払拭する対応を怠って負担増を先行させてきた。

まずは、こうした流れを転換していく。支出増、つまりサービスを増やすことを先行させ、負担が増えても、その分は確かにサービスの安定や向上に使われることを国民にしっかりと実感してもらう。

私自身は、財政規律を重視している。将来にツケを残すことになる財政赤字の拡大は、できるだけ早期に止めなければならない。

しかし、日本が民主主義国家である以上、「正しいことなのだから、国民の理解がなくても強引にでも進める」ことはできない。ましてや、国民の多くが負担増に不信を持つようになった経緯には、十分な理由と背景がある。そのほとんどが私たち政治家の責任だ。

だからこそ、まずは負担増に対する国民の不信感を払拭し、再び信頼を取り戻すために、支え合うためのサービス、ベーシック・サービスの充実を先行させる。そして、不信感が払拭されるまでの間は、消費税などの大衆増税は棚上げし、優先順位の低い予算の振り替えと国債発行などによって対応せざるを得ない。

## 直間比率の「逆見直し」を

消費税が導入される経緯の中では、社会保障財源の確保という大義名分とともに「直間比率の見直し」という言葉が繰り返された。所得税や法人税などの直接税に対して、間接税の比率が低すぎる。だから、消費税を導入して間接税の比率を高め、直接税とのバランスを取るべきだ、と喧伝《けんでん》された。

ところが、この間の累積で、消費税による税収増加分とほぼ同じ額だけ、所得税や法人税といった直接税の税収が減少したことが明らかになっている。

直接税の税収、特に法人税収は経済状況によって大きく上下する。減収した金額がたまたま消費税収の増加分とほぼ同額だったからといって「直接税を下げるために消費税を引き上げてきた」と断言することはできない。しかし結果として、消費税を増税しても税収全体が増えることはなく、社会保障の財源を確保できないまま「直間比率の見直し」だけが極端に進んだのは間違いない。

また、消費税ばかりが注目されるが、忘れてはならないのが、税と同様に強制徴収されるといっても過言ではない社会保険料（年金や健康保険の保険料）の負担である。

社会保険料は、所得税のような累進ではなく、所得比例で賦課されるが、上限が低く定められているため、高額所得層では、所得が増えても負担額が増えない仕組みになっている。消費税とは比べものにならないくらい逆進性が大きい。逆進性とは、低所得者ほど負担が重く、高額所得者ほど負担が軽くなるという意味だ。

税制などについて見直すべきは、これらを俯瞰《ふかん》した全体的、体系的なあり方である。

特に、累進性が弱められた所得税、中でも定率課税で逆進的になっている金融所得課税、さらには逆進性の強い社会保険料負担、大幅な利益をあげても投資などには向かわず内部留保が積み重なる構造になっている法人税などの「直接税やこれに準ずる負担」と、消費税という「間接税」の「直間比率」を、かつてとは逆の方向で見直していく。すなわち、累進性を強化する方向で、直接税などの比率を上げていくことが必要だ。

所得の低い方々に重い負担となっている消費税について、ゼロベースの議論を否定するものではない。

しかし、消費税単独で引き下げや廃止を議論すれば、社会保障などの財源をどうするのかという論点に矮小化され、より逆進性の強い社会保険料や金融所得課税の問題が見逃されてしまう。社会保険料を含めた国民負担のあり方全体を総合的に見直すことが、真摯《しんし》な姿勢だと考える。

## 時限的消費減税の考え方

ここまで述べてきたのは、あくまで平時を想定した抜本的な議論だ。しかし現在は、コロナ禍という、戦後最大級の危機の渦中にある。特に消費が大幅に落ち込んでいることもあり、与野党から、「時限的な消費減税を行うべきだ」という意見が聞かれる。

私は、「緊急時の時限的な対応」という条件を前提にした消費減税を、全て否定するものではない。

ただ、ここで気を付けなければならないのは、コロナ禍による消費減少の最大の原因は、感染拡大防止のため社会活動、経済活動自体が減っていることにある、ということだ。

消費減税によって税負担が減っても、感染のリスクを減らすことはできない。社会活動や経済活動が完全に元通りになるまでは、消費減税が「コロナ禍による消費減少」に対する直接的な対策になるのは、かなり難しい。仮に消費が増えたとしても、その恩恵が届くのは、巣ごもり需要など、コロナ禍の下でも、もともと影響が小さかった業種などに限られるだろう。一番支援が必要な、飲食店や観光関連などコロナ禍の影響を大きく受けた業種には、十分な恩恵が届かない可能性がある。

もう一つ忘れてはならないのは、消費減税が、かえって消費者の買い控えを生む可能性だ。

よく知られているように、消費税は、増税する場合に「駆け込み需要」が生じる。消費者が、大きな買い物は増税前にしてしまおう、と考えるのは当然だ。それとは逆に、例えば「半年後に減税する」と分かれば、間違いなく「減税待ち」の買い控えが生じる。

コロナ禍で商売をされている皆さんが苦しんでいるのは、家賃の支払いなど「今、すぐ」必要なお金が入ってこないことだ。一日でも早い売り上げの回復が求められている中で、不用意に何ヶ月もの買い控えを生むようなことをすれば、最悪の場合は、こうした皆さんを「減税倒産」に追い込みかねない。

こうした多くの懸念がある中で、それでも私が時限的な消費減税をあえて否定しないのは、そのメッセージ効果にある。

一つは、政治が「そこまでしても消費を増やそうとしている」というメッセージ。もう一つは、消費税負担が家計を強く圧迫している所得の低い方々に対する「政治は皆さんを忘れていない」というメッセージである。

経済活動や社会のあり方というものは、必ずしも学問的合理性に基づいて動くとは限らない。政治の意思を明確に示すことが、国民心理を動かし、経済的な効果をもたらすことは否定できないからだ。

こうしたメッセージ効果にどの程度期待できるのか。前述したような懸念をどこまで考慮すべきなのか。さまざまな選択肢がある。極論をぶつけ合うのでなく、国会や党内などで、冷静かつ丁寧に議論していく。

## 所得の低い方々には減税より給付

ところで、「消費税は逆進性が高い」とよく言われる。

なるほど、確かに消費性向は低所得者ほど高く、その内容も生活必需品が大部分だ。こうした人々への消費に対する課税は、生活を直撃する。一方、高額所得者は消費性向が低いし、生活に必ずしも必要でない消費の比率が高い。しかも、累進課税で高い税率が課せられる所得税に比べ、負担感は相対的に小さい。

しかし、「消費税を減税すれば低所得者ほど恩恵が大きい」のかというと、必ずしもそうとは言えない。実際に減税される金額を考えれば、多額の消費をする高額所得者ほど大きな恩恵を受けるのは明らかだ。消費の都度感じる負担感の問題も忘れてはならないが、そもそも消費総額が少ない低所得者にとって、実際に恩恵を受ける金額は小さい。

同じ財源なり予算額なりを使うなら、一番困っている層に、できるだけ支援が厚く行き渡るようにした方が合理的だ。そう考えれば、コロナ禍で一番困っている方々を集中的かつ効果的に支援するには、減税よりも給付の方がふさわしい。

一律一〇万円の特別定額給付金は、自治体に事務処理を丸投げして混乱を招いたことや、個人単位でなく世帯単位の給付としたことなど、いくつもの問題があった。

しかし、そのことはともかく、コロナ禍による深刻な経済危機、生活危機が強まる中での緊急措置として、きちんと準備をし、国の責任で個人に給付できるなら、再度、再々度の給付があっても良い。そして、いったん全ての人に一律で給付金を支給し、高額所得者などについては所得税の調整で一定程度取り戻す。これが緊急時における最も合理的な貧困対策である。

さらに、抜本的な逆進性対策、低所得者や所得がない方への対応としては、一貫して提案している、「給付付き税額控除制度」を実現する。

この制度は、別の言い方をすれば、事実上の「消費税額事前還付制度」である。「健康で文化的な最低限度の生活（憲法二五条）」を営む上で必要な消費額の一〇％を、すべての居住者に事前に給付してしまう。所得税を納めている方については、その金額分を税額控除して減税する（所得税減税分では前述の一〇％分に足りない場合は残額を現金給付する）。高額所得者には所得税の増税を組み合わせることで、支援対象を中低所得者に集中し、逆進性対策の効果を高める。複雑な複数税率などにしなくても、そして、高額所得者が金額的には大きな恩恵を受ける消費税そのものの減税や廃止よりも、所得のない方や少ない方にとって、大きな効果をもたらすことになる。

## 2　主役となる基礎自治体

### 基礎自治体こそが主役

「支え合う社会」をつくる上で忘れてはならないのは、疲弊する地方をどう支えるかという視点である。

東京をはじめとする大都市は、経済の効率性が重視されているため、老後の安心の観点からも、子育ての安心の観点からも、本来は条件が悪い。国民が安心できる支え合いの社会を回復させるには、地方の復活が不可欠だ。

また、多様性のある社会として、一人ひとりの自己実現を社会が認識・評価できる仕組みを育てようとするなら、それぞれの地域が独自の社会・文化を形成し、刺激し合う状況を作ることが望ましい。東京一極集中の一元的社会の中では、多様性のある社会を期待することも、国民一人ひとりが自己実現を図ることも難しい。

地方の疲弊を克服し、活力ある地域社会を回復するためには、経済の効率性とは別の次元で、地方の持続可能性を引き出す政策が必要だ。広い意味での社会政策によって、地方の中間層が貧困に陥ることを防ぎつつ、一人ひとりの真の豊かさという観点から、地方の魅力を引き出す政策が必要なのである。

そして、こうした立場から求められているのは、道州制のような一極集中を生みやすい地方制度ではない。むしろ重要なのは、住民に身近な基礎自治体の強化である。

## 「地域に密着」が求められる理由

理由の第一は、ここまで述べてきた少子高齢社会への対応である。高齢者や子育てに関わる事情は、地域ごとに大きく異なる。行政の主体が広い地域を管轄し、多くの住民の多様なニーズに目配りすることになれば、さまざまなニーズにきめ細かく対応できず、結果的に個々のニーズと合致しない最大公約数的な対応しかできなくなる。個々の事情や地域の特性をきめ細かく把握するには、行政の単位はできるだけ小さいことが望ましい。

第二は、それぞれが自己実現できる社会をつくるという視点である。

私たちが日頃意識する生活の単位やアイデンティティーの単位は、それが大きければ大きいほど、その中における居場所とやりがいを見出すことが難しい。例えば、一億人を超える「国家」という単位で、自分の役割を明確に認識することは、大部分の国民にとって著しく困難である。しかし、自分が住む自治体であればどうだろう。単位が小さくなればなるほど、そこで「自分でなければできないこと」「自分が役に立てること」を見つけやすくなる。一人ひとりが自己実現という目標を持ち、それを成し遂げ、充実した生活を営むためには、生活の基盤となるコミュニティーの単位は小さいほど望ましい。

第三は、参加意識による納得という視点である。

これまで述べてきたように、支え合いと助け合いの社会を回復させるには、国民の皆さんに負担増をお願いせざるを得ない。その時に、自分たちとは関係ない人たちが、自分たちと無関係に負担増などを決定したのでは、納得感が得られない。負担をお願いするには、その決定に多くの国民が参加意識を持つことが不可欠である。

もちろん、日本全体としての適正な資源配分という視点も必要なので、国政単位での負担と分配も欠かせない。しかしその中でも、具体的な分配の方法や、税金が適正に使われているかどうかのチェックなど、公的関与のできるだけ多くの部分を地方に委ね、その部分への住民参加の機会を高めれば、負担増に対応した参加意識を醸成することが可能になる。

意思決定に対して住民が参加意識を持ちやすくするには、それを決める政治の単位は、より小さい方が望ましい。

**交通・通信が発達したからこそ**

現代社会は交通・通信が発達し、誰もが短時間でかなり長い距離を移動することが可能になった。テレビメディアやインターネットの世界では、日本どころか世界のどこにいても、瞬時に同じ情報に接することができる。物理的距離は簡単に超越できる世界になっている。それはそれで、新たな可能性をはらんだ素晴らしい世界だろう。

だが一方で、こうした社会は、政治行政という観点で見れば、一歩間違えば社会の画一化を生むことにつながりかねない。

補助金行政に象徴されるように、国として一律に決めた基準で、例えば駅前整備がなされたり、地域振興策がなされたりしたことで、地域は個性という魅力を失い困窮してきた。

多様性のある社会を維持するには、相当の努力が必要である。できるだけ地域ごとに政治行政を細分化し、それぞれの個性を生かせる仕組みにする必要がある。多様性のある政治行政が可能になるよう、行政の基本単位をできるだけ小さく分権することが望ましいのである。

私は、分権が必要とされる理由や背景を考えれば、今の都道府県という単位でも大きすぎるのではないかとすら考えている。ましてや、都道府県よりさらに大きな道州という単位になれば、把握できる地域ニーズや自己実現、生じる参加意識や確保される多様性を期待することが、さらに難しい。むしろ、こうしたニーズに応え得るのは、平成の大合併前の市町村や、その中における地域コミュニティーなのではないか。

さらに言えば、道州制で県庁がなくなる地方都市は、ますます衰退が進み、道州単位でミニ東京ができて、道州単位での一極集中が進む可能性が高い。

もちろん「小さければ何でも良い」と言うつもりはない。税金をお預かりする以上、行政が一定程度の効率性を追求する必要があることも無視はできないからだ。しかし、効率性を過度に重視するあまり、住民の参加意識や自己実現への意欲を呼び起こしたり、高齢者や子育てに関わるきめ細かいニーズを把握したりすることがおろそかになっては元も子もない。こうしたニーズに対応できるのは市区町村という基礎自治体である。

基礎自治体を軸とした分権を進めることで、地域の事情に応じた多様性のある行政を可能にし、時代の要請に応じていく。

## 3　一次産業の「産業」政策を超えた価値

### 食糧確保は政治の最大の役割

前述したように、今回のコロナ禍は、行き過ぎた国際分業が、一時的とはいえ必要物資の不足を招き、多くの国民を不安に陥れることを明らかにした。世界的な感染拡大はまだ収束したとは言えず、もし今後、途上国などを中心に感染拡大が続けば、世界的に食糧不足が起きる恐れがある。

過度な国際分業と都市一極集中の弱点が明らかになった中、目先の効率性に左右されない第一次産業を支援する方向に、政策の転換を図っていく。

農山漁村を支援し、万一のことがあっても国民が困らないようにすることは、安全保障上も急務である。

農山漁村の急速な過疎化は、都市一極集中の裏返しである。過疎化を食い止めることは、一極集中が進む都市の問題を解決するためにも必要だ。地方を再生させるための処方箋を、速やかに提示し、実行していく。

## 金銭では測れない「多元的価値」

地方の多くは、かつて農業、林業、畜産・酪農業、漁業という、一次産業を生業《なりわい》として成り立たせてきた地域だった。地方再生のポイントは、これらの一次「産業」にある。

しかし、そもそも、これらの生業が産業として成り立ち、一定程度稼げる状況にある地域は、今もそれほど疲弊していない。「稼げる一次産業」を後押しすることが重要でないとは言わないが、実際に過疎化が進んでいる農山漁村は、自然条件などが悪かったりして、第一次産業だけで食べていくことは困難な地域がほとんどだ。

だから、視点を変えるべきだ。一次産業の支援において「産業」政策に重点を置くことをやめるのだ。

一次産業の多くが、稼ぐ手段としての「産業」としての価値にとどまらず、多元的な価値を持っている。水や空気、土地、緑などを守ってきたし、食の安全にも貢献している。棚田など文化的価値のある風景を守っている場合もある。また、二〇二〇年の夏も九州をはじめ大きな水害に見舞われたが、森林が適切に管理されていれば、洪水防止に大きな意味を持つ。

それだけではない。一部の大都市だけに人口が集中し、国土の大部分が廃村やゴーストタウンや無人島などになったのでは、治安や安全保障にも悪影響を及ぼす。新型コロナがなければ今も多くの外国人観光客が日本を訪れていたことと思うが、観光地以外の国土が「荒れ果てていない」状態を保つことは、海外の人にとって、日本全体が魅力ある観光地だと思ってもらうためにも必要なことだ。

経済に限らない農山漁村の多元的価値は、すべての人に恩恵をもたらす。この多元的価値を維持するために、これらの業に従事している人々の生活が成り立つよう、費用負担を分かち合う。このことは、農山漁村に住んでいない人にとっても恩恵がある。「情けは人の為ならず」は、こういうところにもあるのだ。

## 戸別所得補償制度の導入を

こうした一次産業を守り、その多元的価値を維持するコストを分かち合う方法は、これまでは、コメの食糧管理制度に象徴される価格支持制度や関税障壁によって、市場価格よりも高い農畜産物や水産物を購入することだった。

しかし、グローバル化の中で関税障壁を維持し続けることは著しく困難になった。食糧管理制度は「過剰生産」という不合理を招く。これまでのやり方は、すでに時代に合わなくなっている。

今こそ、民主党政権時代にも取り組んだ「戸別所得補償制度」を復活させ拡大していく。この制度も、子ども手当と並び、当時は「バラマキ」という批判を受けた。農家に対して、実際の稼ぎに上乗せする「収入」を与えることに「不公平だ」との声が起きたのだ。

だが考えてみてほしい。私たちは普段から、公の役に立つ仕事でありながら「稼ぐことにつながらない」仕事に従事している人々の賃金を、広く税金で負担している。警察官も、自衛隊員も、裁判官も、直接には経済的な価値を生み出してはいないが、社会に不可欠な仕事に従事しているとして、税金で生活を支えている。私たち政治家もそうだ。

一次産業についても、同じような視点で、その生活を支えていくべき時が来ている。

洪水を防止するための治水ダムの建設には、税金が投入されている。ダム建設の仕事に従事する人の賃金も、税金が原資である。ならば、治水ダムと同様に洪水防止につながる森林管理の人件費に税金を投入することも、合理的な税金の使い方ではないのか。水田の治水効果、空気や水を守るなどの多元的価値も、明確な因果関係で数量的に効果を測ることはできないが、大きな意味での国民の理解は得られるのではないか。

農畜産品であれ、木材であれ、水産品であれ、努力と状況によって、高く売れて稼げる場合がある。努力して稼げた時は、当然にその所得を帰属させ、海外展開や市場開拓などの支援を行っていく必要がある。

しかし、農産物自体が高い値段で売れなくても、生産者たちは「その生産に従事していることによって生じる多元的価値」を産んでいる。その対価として、彼らの生活を維持し、再生産可能な収入を補償することも必要である。私たちが主張し続ける戸別所得補償制度の意義とはこういうことだ。

稼げる一次産業は伸ばす。しかし、それだけでは多元的価値は守れない。すべての農山漁村を切り捨てないためには、戸別所得補償制度を進めていく以外にない。

# 第11章　地に足の着いた外交・安全保障

## 1 外交・安全保障における選択肢

### 現実的な外交・安全保障論

私は、短期的な外交・安全保障政策について、政権を競い合う主要政党間における中心的な対立軸にすべきでないと考える。

外交や安全保障は、他の政策分野に比べ、独立したほかの主権国家との関係によるところが大きい。経済も、グローバル化によって他国の動向に大きく左右されるし、財政をはじめあらゆる内政事項も、他国との関係を否定できない。しかし、外交・安全保障政策は、わが国の独自の判断や意思とは関わりのない、他の主権国家の意思や行動によって決定的な制約を受けるという特殊性を持つ点で、他の政策分野と根本的に異なる。

私たちは、北朝鮮はもちろん、中国やロシア、そして韓国や米国についても、その国家としての判断そのものを左右することができない。主権国家のリーダーは、民主国家であれば民意に、そうでない場合でも「国益」に基づいて判断して行動している。他の国家ができることは、その判断に間接的な影響を与えることにとどまる。

それを踏まえれば、外交・安全保障分野において大切なことは、国家としての揺るぎない基本方針を踏まえつつ、わが国が「何を目指すのか」と同様に、「何ができるか」を強く意識することである。

しかし、この間進められてきた安全保障政策は、地に足の着いていない部分が多い。平和や憲法九条を唱えるだけで平和を守れるかのような主張も、それはそれで地に足の着いていない議論だと思うが、集団的自衛権行使容認など、一見現実論のように聞こえる第二次安倍政権以降の外交・安全保障政策の方向も、逆の意味で現実離れしている。

今、求められているのは、両極端な観念論ではない。観念論から脱却した、地に足の着いた現実的な外交・安全保障論である。

## 日本の選択肢

では、現実的、具体的な選択肢、「何ができるか」の「何が」とは何か。

どの国も、短期的、直接的には限られた選択の幅の中で、少しずつ自国に有利な国際環境を作り上げていく。これが外交である。短期的、直接的には状況を大きく動かすことができなくても、中長期をにらんで自国の国益に資する環境を作っていくという視点と、それを実現するしたたかさこそが、外交には必要である。

外交・安全保障政策を真摯に考えれば、短期的に示し得る選択肢は、一見すると大きな違いにはならない。新しい立憲民主党の綱領も「健全な日米同盟を軸に」とその基本方針を明記しており、私は、それを進展させたいと考えている。

それでも、中長期的には「何を目指していくのか」によって、将来大きな違いとなり、国民生活を大きく左右する。

私は、日米同盟を基軸としながらも、米国に対し地位協定の改定を粘り強く働きかけていく。沖縄県民の多くが強く反対し、軟弱地盤問題も明らかになって、ＳＡＣＯ合意から二五年近くが経過しても完成の目途が立たない辺野古《へのこ》新基地建設を中止し、普天間基地の危険除去に向けた新たな協議を、米国に対し丁寧に求めていく。核兵器禁止条約について、政府は日米同盟との整合性の観点から批准に後ろ向きだが、まずはオブザーバー参加などの余地がないか、米国等との調整を始める。

いずれも簡単なことではないが、協議を求めなければ何も変わらない。

## 国際社会における日本の役割

同時に、人権・人道問題やODA外交など、わが国の得意分野や、七五年以上にわたって軍事力を行使していないという安心感を生かして、国際社会からの信頼を高め影響力を強めていく。

一つには、近隣地域における人権と民主主義を守るための役割を果たす。

私は、当選一期目にダライ・ラマ法王にお目にかかる機会を得てから、チベットの人権問題、特に信教の自由について関わってきた。香港民主化運動のリーダーである周庭さんとも知遇を得て、議員会館を訪ねてこられたこともあり、香港を巡る情勢を注視している。我が国にとって最優先課題である拉致問題も、広義の人権問題に他ならない。

世界中に数多く存在する人権問題や民主主義の危機に対して、すべて対応することはできないが、新疆ウイグル問題を含め、近隣地域で生じている問題については可能な限りの支援を進めていく。国内的に人権と民主主義の保障をさらに進めていくことが大前提だが、こうした問題で存在感を示すことは、国際社会からの信頼と尊敬を得る上で重要である。

もう一つは、気候変動などの地球環境問題や、核拡散防止・核軍縮問題である。

狭い島国である日本は、気候変動の影響をより大きく受ける恐れがあるし、核問題では唯一の戦争被爆国である。日本には、地球環境問題解決に向けて利用可能な技術力があるし、唯一の戦争被爆体験は世界に語り継ぐべきものである。日本の果たしうる役割は大きい。

加えて、ＧＡＦＡをはじめ国境を越えて影響力を行使する巨大企業への対応や、経済分野などにおける秩序あるルールづくりでは、日本の国益と多くの中進国・新興国との利害が一致するため、こうした分野での主導的役割を目指していく。

これらの国際貢献の成果は、短期的に目に見えるものではない。しかし、だからこそ地道に粘り強く取り組むことで、日本に対する信頼や期待が高まり、結果的に国益を守ることにつながっていく。

私は、日米同盟が基軸という基本方針の下、短期的には現実的に、そして中長期的には「人権・民主主義・地球環境・核軍縮・公平なルール作り」という五本柱で国際社会における役割を果たすことを目指し、リーダーシップを発揮していく。

## 2　集団的自衛権の議論の問題点

### 集団的自衛権は日本の領土を守らない

外交・安全保障政策を考える上で、集団的自衛権の議論を振り返っておきたい。

そもそも、安全保障の目的は、日本の領土を守り、国民の生命や財産を守ることである。ところが、集団的自衛権の行使に関して問われているのは、日本の同盟国が第三国からの攻撃を受けた場合に、日本が「自らが攻撃されていないにもかかわらず」武力行使することである。この意味で、集団的自衛権の問題や、それに基づく海外での武力行使は、「日本の領土を守り、国民の生命や財産を守る」ことと「直接には」関係しない。

念のため付言すれば、「日本が攻撃された時」に「同盟国が」日本を守るために行動すること、つまり、日米同盟に基づく米軍の軍事行動については、従来から認められている。

一貫して言われてきたのが、「日本を守ってくれている米軍」との関係で、自衛隊による米国への協力を強めれば同盟関係が強化され、結果として抑止力が高まるという見解である。確かに、自衛隊の米軍への協力が強化されれば米国の負担は小さくなる。米国が歓迎しないはずはなく、同盟関係の強化につながるのは間違いない。

## 日米同盟の本質

考えなければならないのは「なぜ米国が日米安保条約を締結し、日本を守ることに協力すると約束しているのか」という本質である。

米国も独立した民主国家である以上、米国の国民世論に支えられた政策でなければ継続遂行することが難しい。そんな中で、半世紀以上「日本を守る」という政策が継続されているのは、それが、米国民の考える米国自身の国益にかなっているからにほかならない。要するに、太平洋の西側、アジアの東端に、米国にとって信頼できる同盟国が存在し、そこに安定的な米軍基地を置けることが、「米国自身の」国益にかなっているのである。

冷戦時代には、米国にとって地政学的に重要な位置にある日本が、もし米国と対立する勢力、例えばソ連の影響下に入れば、米国の国益に反することになる。米国が日本を守ってきたのは、そういう事態を招かないためだ。

これが、米国から見た日米安保の本質である。

私も、健全な日米同盟が日本外交の基軸であると考え、その進展を望んでいる。米国に協力することは重要だ。しかし、米国から見た日米同盟の本質を踏まえれば、日本の防衛を米国の協力だけに依存することはできない。

たとえば、日本にとって最も重要な尖閣防衛を考えたとき、米中両国の緊張が高まればアジア太平洋地域に止《とど》まらず全世界に甚大な影響を生じかねない以上、米国が日本にどの程度の協力をするか、楽観論に立つべきではない。米国政府は、その時点での国際状況に基づき、「米国の国益」の観点から介入の度合いを判断する。これが国際政治の冷徹な現実である。

## 真の領土防衛のために

第二次安倍政権は、立憲主義に違反し、憲法解釈を不当に変更してまで、集団的自衛権の部分的な行使を容認した。その結果、自衛権行使の要件（どのような場合に自衛権を行使できるのか）も、その限界（自衛権の行使としてどの地域で何をどの範囲でできるのか）も曖昧なものになっている。わが国が立憲民主主義の国家であり、「法の支配」を前提とした社会である以上、その違憲部分をそのままにすることはできない。

北朝鮮の核やミサイル問題に直面する日本にとって、米国による抑止力は不可欠である。また、尖閣防衛をはじめ、台湾との関係や香港、新疆ウイグルなどの人権問題、南シナ海などにおける軍事力の増強など、懸念を抱える対中関係においても、米国の抑止力、影響力は重要な意味を持つ。

しかし、特に尖閣防衛を考えたとき、米軍による十分な関与が得られない場合に備えた、日本自身の対応力を強めることこそが求められる。

そもそも、日本周辺を中心とした西太平洋・東アジア地域における平和と安定のために、米軍と自衛隊が共同行動を取ることは、日本国憲法に定める武力行使に至らない範囲や、個別的自衛権の行使で説明できる範囲でも、十分に可能である。日米同盟の深化のために、集団的自衛権の行使容認は不可欠なものでは必ずしもない。二〇一五年に成立したいわゆる安保法制に基づき日米間で進められている共同行動は、集団的自衛権行使の一部容認がなくても、ほぼ説明できる。

さらには、日本とその周辺の平和と安定のためには、日米二国間にとどまらず、その同盟関係を基軸としながらも多国間の枠組みでの努力を重ね、東アジアにおける安定的な秩序を構築し、それを乱すことは許さないという国際合意を積み重ねることが重要である。この観点からも、日本が、憲法上許される範囲内でより積極的な役割を果たすことは必要であるが、日本が平和憲法を持ち、七五年以上にわたって武力行使をしてこなかったという立ち位置が、特にアジア諸国に安心感を与えているという「財産」を軽視すべきでない。

## 3　日本を守るために必要な議論

## リアリズムに欠ける安全保障論

この議論は、「日本の防衛に今何が必要なのか」という具体論ではなく、「集団的自衛権の是非」という抽象論から進められた。本来は、具体的で客観的な必要性（いわゆる立法事実）が示され、その必要性に基づいた具体的な対応策を可能とするために立法がなされる。

ところが、当時の安倍自民党は、「はじめに集団的自衛権行使容認ありき」の姿勢で、立法事実の提示も、立法事実と改正内容との因果関係も、十分な説明をしようとしなかった。しかも、示された立法事実、例えば「有事の際、米軍艦に乗った邦人避難民の保護に必要だ」との指摘も、米軍艦が他国民を乗せる事態が想定できないことから、論戦の中で早々に否定されてしまった。

自衛隊違憲論にはじまる戦後の安全保障に関する議論の歴史を踏まえれば、まず憲法との関係でハードルをクリアすることに目を奪われる心情も、理解できないわけではない。

しかし、安全保障政策の目的は、憲法上のハードルをクリアすることではない。現実の国際環境を踏まえ、日本の領土と国民の安全を守る上で、具体的な備えを怠らないことである。抽象的な憲法論にばかり目を奪われ、米国による十分な協力が得られない場合の尖閣防衛など、真に議論すべき論点に目が向かない自民党政権の現状には、憂慮せざるを得ない。

あの当時、民主党は、安保法制案の対案として領域警備法案を国会提出した。尖閣諸島において最も想定される事態である「民間の組織を装った他国の軍隊による侵略」、いわゆる「グレーゾーン事態」に備え、民間組織の場合に対応する警察権と、他国軍の場合に対応する個別的自衛権との関係を整理するものだった。しかし、これに対する安倍自民党の対応は全否定であった。

今年（二〇二一年）になって中国が海警法を施行し、尖閣諸島周辺での活動を活発化させたのを受け、与党内でも私たちが提案していたような法整備の必要性を議論し始めた。私たちが五年以上前から指摘していたのを、自公政権がこれまで無視し続けてきたことは強調しておきたい。

現実的で必要な対応（それは多くの場合地味なものである）を軽視する姿勢が、第二次安倍政権以降の自民党政権の安全保障政策における最大の問題である。

## 地に足の着いた安全保障政策とは

二〇〇九年から三年三ヶ月にわたった民主党政権は、冷戦時代の「基盤的防衛力構想」

を、時代に合わせた「動的防衛力構想」に転換した。

基盤的防衛力構想とは、一九七六（昭和五一）年の防衛大綱で示された防衛力整備に関する基本概念である。この構想は、米ソ冷戦の真っただ中で定められたが、冷戦が終結して二〇年以上が経過した平成二二年、二〇一〇年まで変更されなかった。

この間、冷戦終結という安全保障環境の激変に対応する努力が、一定程度なされたことは否定しない。しかし、冷戦終結後二〇年もの時を経ても、「ソ連が北から攻めてくる」ことを想定した基本構想が、改められずに継続したのも間違いない。

真に領土と国民の安全を守るためには、抽象的な議論など何の役にも立たない。自衛隊の具体的な配置や装備、それに基づく訓練こそが、万一の場合に安全を守る。威勢のいいことを国民に向かって叫ぶのではなく、自衛隊の配置や装備、訓練の基本をなす防衛力構想を安全保障環境の変化に対応させるという、地味な仕事をしっかりと行うことこそが、本来の政治の責任である。

二〇〇九年からの民主党政権は、勇ましいことを叫ぶこともなく、抽象的な憲法議論に陥ることもなかった。それがある種の人々から、「安保政策に後ろ向き」という批判を浴びることになったのだろう。

しかし、地に足の着いた安全保障政策を推進し、冷戦終結後二〇年にわたり自民党政権が放置してきた基盤的防衛力構想を、「北朝鮮のミサイルに対する防衛、南西方面の島嶼《とうしょ》防衛、そしてテロ対策」の三点に重点を置いた「動的防衛力構想」に転換したのは、民主党政権の北澤俊美防衛相（当時）である。

民主党政権時代の決定を何でもひっくり返す安倍政権は、動き出したばかりの「動的防衛力構想」を、「統合機動防衛力構想」へと名称変更した。しかし、民主党政権で定めたミサイル防衛、島嶼防衛、そしてテロ対策を重視するという根幹までひっくり返すことはできず、現在も引き継いでいる。

民主党政権下の防衛力構想の転換は、当時はそれほど大きくは取り上げられなかった。具体的な自衛隊の配置や装備、その前提となる防衛構想は、専門的、技術的な側面が大きく、分かりにくいという事情がある。「今までできなかった集団的自衛権行使をできるようにする」と言った方が、何となく「やってる感」を与えるのだろう。

しかし、安全保障を真面目に考えるなら、民主党政権から引き継がれたアプローチこそが、真に責任ある姿勢である。私は、こうした基本姿勢で、「イザ」というときに真に国土と国民を守ることのできる地に足の着いた安全保障政策を推進する。

# おわりに

新自由主義的傾向が、日本では中曾根行革から始まり、同時期に世界では、米国のレーガン大統領や英国のサッチャー首相が、同様の流れを強めたことは、本文でも述べた。日本では、それから三〇年以上にわたって、その流れが一貫して続いてきた。異なる方向へ進もうとした二〇〇九年からの民主党政権は、東日本大震災もあり、十分に流れを変えることなく三年余りで終わった。小渕政権など、新自由主義的傾向が比較的弱い時期もあったが、全体として、中曾根、小泉、安倍の各政権と、一貫した流れが続いてきた。

ところが米国では、この間に、一九九三年からのクリントン政権と二〇〇九年からのオバマ政権、二度にわたって合計一六年、約半分の期間は民主党政権である。英国でも、一九九七年から二〇一〇年までの一三年間は、ブレア氏などによる労働党政権だった。程度の差はあれ、リベラルな、あるいは社会民主主義的な立場から、一定の揺り戻しを経ながら現在に至っている。

揺り戻しがなかった分だけ、日本では、新自由主義的政策による弊害が、国民生活により深刻な打撃を与えている。それに先立つ三〇年ほどが、高度経済成長による「一億総中流」社会の築かれた時代だったがゆえに、その蓄積で耐えている側面と、その落差が深刻になっている部分とが併存している。

今ならギリギリ、高度成長の恩恵をある程度残しながら、新しい社会へと転換していくことが出来る。コロナ禍もあり、ギリギリの状況に追い込まれている個々人にとっても、日本社会全体にとっても、残された時間はわずかだ。

米国や英国のような一定の揺り戻しがなかったことには、私を含めた民主党の責任が大きい。今度こそ、「リベラル」な日本社会を、本当の意味で「保守」できる政権をつくり、成果を上げなければならない。

同盟国米国が、民主党への政権交代で新自由主義の行き過ぎに対する是正にチャレンジしたのは、一九九三年と二〇〇九年。実は、いずれも非自民政権が成立した年だ。米国との違いは、それぞれ二期八年ずつ、「リベラル」な政権が続いたのに対して、日本では短期で自民党政権に戻ってしまったことだ。

今年二〇二一年、米国では、共和党のトランプ政権から民主党のバイデン政権へと政権交代が起きた。

はからずも最大野党の党首として、私は、「二度あることは三度ある」と、日本でも政権交代を実現させる責任を負うことになった。同時に、「三度目の正直」で、新自由主義とは異なるもう一つの「あるべき社会」に向けた、着実な成果を上げる責任も負っている。二〇一一年三月一一日と同じように、どんなに困難でも、この責任から逃げることはできないし、逃げるつもりはない。

政権を取るためにも、その政権が期待に応えるためにも、何よりも理念と哲学、「目指すべき社会像」を明確にすること、そして、それらが自民党とどう違うのかを明確にすること、このことが重要だと考えている。

理念や哲学がはっきりしなければ、本当の意味で、有権者の期待と信頼を受ける訴えにはならない。有権者の皆さんに安心していただけるような「安定的」な政権運営で、期待に応えることも困難である。

あえてこの時期に、少し理屈っぽくて難しい、「理念」について記した本書を世に問うこととしたのは、こんな思いが背景にある。

ぜひ、私と一緒に、私たちとともに、新しい時代の扉を開こう。

勇気をもって前に進めば、そして今ならば、一五〇〇年に及ぶ歴史の中で育まれてきた社会と、一五〇年にわたる近代化のプロセスで積み重ねてきた豊かさ、それらの恩恵を活かし、支え合いによって不安の小さな社会、一定の豊かさを享受できる社会、多様な一人ひとりの生き方が尊重され、それぞれが自己実現を図ることのできる社会、そんな日本をつくることができる。

私は、そう確信し、その扉を開く先頭に立つ決意である。

**枝野幸男**（えだの ゆきお）

1964年栃木県宇都宮市生まれ。87年東北大学法学部卒業。91年弁護士登録。93年日本新党より立候補し衆議院議員初当選。新党さきがけを経て96年の民主党結成に参画。2009年からの民主党政権では官房長官、経済産業大臣等を務める。17年立憲民主党を設立し、代表に就任。


**文春新書**

1314

枝野《えだの》ビジョン　支《ささ》え合《あ》う日本《にっぽん》

---

2021年5月20日　第1刷発行

著　者　　枝野幸男
発行者　　大松芳男
発行所　株式会社　文藝春秋

〒102-8008　東京都千代田区紀尾井町3-23
電話（03）3265-1211（代表）

印刷所　　理想社
付物印刷　大日本印刷
製本所　　大口製本

定価はカバーに表示してあります。
万一、落丁・乱丁の場合は小社製作部宛お送り下さい。
送料小社負担でお取替え致します。

---





ISBN978-4-16-661314-4